D1486845

Sport Canada

La pratique des sports au Canada

Rapport de 1998

| 1 | 2 | 3 | 4 |

Crédits photographiques :

2. J. Pleau, Parcs Canada

Rédigé par :
Programme de la statistique culturelle
Culture, Tourisme et Centre de la statistique de l'éducation
Statistique Canada

pour
Sport Canada

Table des matières

1.0 Faits saillants

Taux national de participation au sport en 1998

On a observé chez les Canadiens un changement radical dans leur participation au sport. Ainsi, moins de Canadiens ont déclaré s'être adonnés à des sports en 1998 que six ans plus tôt. Un tiers (34 %) de la population canadienne (âgée de 15 ans et plus) a fait régulièrement du sport en 1998, soit près de 11 % de moins que la proportion de 45 % obtenue en 1992.

Taux chez les hommes et les femmes

Le taux de participation chez les hommes demeure plus élevé que celui chez les femmes. Malgré une diminution du nombre d'adultes des deux sexes qui s'adonnent aux sports, les hommes (43 %) continuent à l'emporter sur les femmes (26 %) au chapitre de la participation.

Âge

Les niveaux de participation au sport diminuent de façon marquée à mesure que nous vieillissons. Plus une personne est jeune, plus elle est susceptible de s'adonner à des sports. Malheureusement, ce mode de vie actif ne semble pas se perpétuer au-delà de la vingtaine.

Écarts entre les provinces et les régions

On a pu observer des écarts entre les régions et les provinces sur le plan de la participation au sport, laquelle est plus grande à mesure que nous progressons de l'est vers l'ouest. En 1998, les résidents des provinces de l'Atlantique et de l'Ontario affichaient les taux les plus faibles tandis que ceux du Québec, de l'Alberta et de la Colombie-Britannique se montraient les plus actifs.

Scolarité et revenu

Plus le niveau de scolarité est élevé, plus le taux de participation au sport l'est également. En 1998, près de la moitié (46 %) des personnes détenant un diplôme universitaire ont fait régulièrement du sport, comparativement à moins d'un tiers (29 %) chez celles ayant effectué au plus certaines études secondaires.

De même, plus le revenu du ménage est élevé, meilleur est le taux de participation au sport. En 1998, la moitié (51 %) des répondants disposant d'un revenu de ménage de 80 000 $ ou plus ont fait du sport comparativement au quart des répondants avec un revenu inférieur à 20 000 $.

Langue maternelle

En 1998, peu de différence était constatée entre le taux de participation des anglophones (37 %) et celui des francophones (38 %). Fait intéressant : les répondants plurilingues ont affiché le taux de participation le plus élevé (41 %) contrairement aux personnes s'exprimant dans une autre langue que le français ou l'anglais, qui ont obtenu le taux le plus bas (26 %).

Situation sur le marché du travail

Les étudiants (avec ou sans emploi) ont affiché le taux de participation au sport le plus élevé avec 64 %, ce qui représente presque le double de la moyenne nationale. Cette observation confirme la tendance voulant que les jeunes entre 15 et 24 ans constituent la tranche de la population la plus active.

Il semble que les personnes ayant le moins de temps libre sont celles qui s'adonnent davantage à des sports. En effet, alors que 40 % des travailleurs à temps plein pratiquent un sport de façon régulière, ce taux chute à 33 % chez les travailleurs à temps partiel [1] et à 23 % chez les personnes qui ne sont pas sur le marché du travail.

Sports les plus populaires [2]

Le golf, le hockey, le base-ball et la natation ont été de loin les sports les plus souvent signalés par les adultes canadiens en 1998. Le golf a détrôné le hockey au premier rang des sports de prédilection. Plus de 1,8 million de Canadiens ont dit jouer régulièrement au golf en 1998 (7,4 % de la population adulte), comparativement à 1,3 million (5,9 %) en 1992. Le hockey s'est classé au deuxième rang avec 1,5 million d'adultes canadiens (6,2 %).

Les femmes de 15 ans et plus ont manifesté une préférence pour la natation, le golf, le base-ball et le volley-ball (par ordre d'importance), alors que les hommes ont avoué un penchant pour le hockey, le golf, le base-ball et le basket-ball.

Sports chez les enfants

À peine plus de la moitié (54 %) des enfants canadiens âgés entre 5 et 14 ans ont participé activement à un sport. Les filles (48 %) ont tendance à être moins actives que les garçons (61 %).

---

[1]   Moins de 30 heures par semaine.

[2]   Les répondants peuvent indiquer leur participation à plus d'un sport.

Le revenu du ménage joue un rôle clé dans l'engagement des enfants dans un sport. On a constaté qu'à peine moins de la moitié (49 %) des enfants provenant de familles au revenu inférieur à 40 000 $ ont fait du sport, comparativement à 73 % de ceux issus de familles au revenu supérieur à 80 000 $.

Clubs et ligues communautaires

En 1998, plus de la moitié (55 %) des « Canadiens actifs »[3] étaient membres d'un club de la localité, d'une ligue communautaire ou d'un autre organisme local de sport amateur. Il s'agit là d'une augmentation considérable de 20 points de pourcentage par rapport à 1992, où 34 % de la population canadienne déclarait avoir adhéré à des clubs sportifs.

Le nombre de femmes membres de clubs sportifs a grimpé subitement. Ainsi, en 1998, près des trois quarts des femmes actives (71 %) appartenaient à un club sportif, comparativement à un peu moins de la moitié (46 %) de leurs homologues masculins.

Compétitions et tournois

À peine plus du tiers (36 %) des Canadiens actifs ont pris part à des compétitions ou à des tournois en 1998, ce qui se compare à la proportion enregistrée en 1992 (33 %).

On observe un écart entre les hommes et les femmes lorsqu'il s'agit de la participation à des manifestations sportives. Parmi les 3 millions de Canadiens ayant participé à des compétitions, plus des deux tiers étaient des hommes.

Les jeunes Canadiens actifs âgés entre 15 et 18 ans représentent le groupe d'âge dont la participation à des compétitions a été la plus forte.

Entraîneurs

Le nombre de Canadiens agissant comme entraîneurs dans le sport amateur a doublé, passant de 839 000 en 1992 (4 %) à 1,7 million en 1998 (7 %). Cette augmentation se retrouve dans tous les groupes d'âge, exception faite de celui des 55 ans et plus.

---

[3] Nombre de Canadiens (de 15 ans et plus) qui ont déclaré avoir fait régulièrement du sport au cours des 12 derniers mois.

Les entraîneurs masculins tendent à dépasser en nombre les entraîneurs féminins, mais pas autant qu'on pourrait le croire puisque les hommes composent 56 % du tableau, et les femmes, 44 %. Les données révèlent une augmentation du nombre de femmes s'intéressant aux fonctions d'entraîneur au cours des six dernières années : elles sont passées de 203 000 (2 %) en 1992 à 766 000 (6 %) en 1998, soit plus du triple.

Les données réparties selon l'âge démontrent que les jeunes adultes âgés entre 15 et 18 ans ont assumé des fonctions d'entraîneur dans le sport amateur dans une proportion plus importante que tous les autres groupes d'âge. En 1998, 16 % des jeunes adultes de 15 à 18 ans ont déclaré avoir agi comme entraîneurs, ce qui représente plus du double du taux à l'échelle nationale.

Arbitres

Le nombre d'adultes canadiens participant au sport amateur en tant qu'arbitres, officiels ou juges a connu une hausse, passant d'environ 550 000 personnes en 1992 à près de 940 000 en 1998.

Comme on s'y attendait, le nombre d'arbitres, d'officiels et de juges masculins dépassait celui des femmes dans une proportion de 5 à 1 en 1992. Mais en 1998, cet écart s'est quelque peu rétréci, le ratio n'étant plus que de 2 à 1.

Administrateurs et aides

En tout, 1,7 million d'adultes canadiens (7 %) ont participé au sport amateur en tant qu'administrateurs ou aides en 1998, tandis que près de 2 millions (9 %) y participaient en 1992.

En 1998, les hommes et les femmes ont rempli en proportion égale des fonctions d'administrateur ou d'aide, ce qui n'était pas le cas six ans plus tôt, alors que presque deux fois plus d'hommes que de femmes assumaient de telles fonctions dans le sport.

Spectateurs

Le sport a davantage attiré de spectateurs canadiens en 1998 qu'en 1992. Les données sont les suivantes : 5,1 millions (24 %) d'adultes canadiens en 1992 comparativement à 7,6 millions (32 %) six ans plus tard, soit une hausse de 8 %. Les hommes et les femmes se sont intéressés au sport amateur en proportion similaire.

Avantages du sport

Selon les Canadiens actifs, la santé et la forme physique (71 %) ainsi que la relaxation (69 %) représentent les avantages les plus importants du sport.

Le sentiment d'accomplissement constitue un avantage très important pour près de 6 adultes canadiens sur 10 (57 %). Les aspects « activités familiales » (43 %) et « nouveaux amis et connaissances » (41 %) viennent en dernier parmi les avantages.

L'activité sportive est associée à des perceptions positives de la santé. En 1998, 70 % des personnes s'adonnant à des sports ont fait état d'une santé se situant entre très bonne et excellente comparativement à 54 % des Canadiens sédentaires.

Facteurs pouvant influer sur la pratique des sports

Divers facteurs sociaux et économiques peuvent expliquer la diminution de la participation des Canadiens au sport, notamment la population vieillissante, les contraintes économiques, peu de temps libre à consacrer aux loisirs et la vaste gamme d'activités récréatives qui s'offrent à nous.

2.0 Introduction

Le mot « sport » évoque pour vous plus que nos athlètes professionnels qui excellent dans leur discipline; il vous rappelle également les séances d'entraînement de hockey de votre fils le samedi matin, l'équipe de soccer junior dont vous êtes l'entraîneur, le club de curling dont votre conjoint ou conjointe est membre, le tournoi de tennis que vous avez aidé à organiser et auquel est inscrite votre adolescente ainsi que la lecture de la section des sports de votre journal local ou l'écoute des sports à la télévision. Un grand nombre de Canadiens participent au sport d'une manière ou d'une autre, soit directement en tant que participants, soit indirectement en tant qu'entraîneurs, officiels, bénévoles ou spectateurs. Le sport concerne toutes les collectivités dans l'ensemble du pays et influent dans une certaine mesure sur la vie de chacun.

Dans le présent rapport, nous brossons un tableau détaillé des Canadiens qui jouent un rôle direct dans les sports en tant que participants ou indirect en tant qu'entraîneurs, arbitres, officiels ou spectateurs à des manifestations de sport amateur. Nous examinons diverses variables socioéconomiques, dont l'âge, le sexe, le revenu et la scolarité, afin de déterminer s'ils sont des facteurs influant sur les niveaux de participation au sport. Les Canadiens ont-ils été plus actifs en 1998 qu'en 1992? Qui sont ces mordus du sport? Quels sports aimons-nous pratiquer? Nos préférences ont-elles changé avec le temps? La participation des parents au sport influe-t-elle sur celle de leurs enfants? Pourquoi certains Canadiens ne s'adonnent-ils pas aux sports? De quels obstacles font-ils état? Les raisons invoquées sont-elles différentes de celles de 1992? Tous reconnaissent que le sport procure de nombreux avantages, mais quels sont-ils? Y aurait-il un lien entre la participation au sport et une satisfaction de vivre ou un sentiment d'appartenance à sa collectivité plus intense? Voilà le genre de questions auxquelles le présent rapport tentera de répondre.

3.0　Objectifs

Peu d'études portent sur les tendances liées à la pratique des sports au Canada. On trouve bien quelques renseignements sur les habitudes en matière d'activité physique, publiés par l'*Institut canadien de la recherche sur la condition physique et le mode de vie,*[4] ainsi que sur la fréquence de l'exercice dans le rapport de l'*Enquête nationale sur la santé de la population*[5] produit par la Division des statistiques sur la santé de Statistique Canada. Toutefois, ces études abordent en général divers types d'activités physiques plutôt que d'être axées sur le sport. Il existe peu de données sur le niveau de participation au sport des Canadiens. De plus, les comparaisons entre les enquêtes peuvent porter à confusion. Chaque étude aboutit à des estimations différentes selon les questions posées, les définitions présentées, la portée de ces enquêtes et la méthodologie utilisée. Par exemple, dans l'*Enquête nationale sur la santé de la population,* la définition du mot « exercice » comprend les activités physiques vigoureuses telles que les exercices physiques, la course à pied, les sports de raquette, les sports d'équipe, les cours de danse ou la marche rapide pendant au moins 15 minutes. Cette définition englobe un plus grand éventail d'activités physiques que celui de la définition de « sport » retenue dans l'Enquête sociale générale. Pour ces raisons, le présent rapport concentre son analyse sur les suppléments de l'Enquête sociale générale (ESG) concernant les sports en 1992 et 1998.

Les deux suppléments en question offrent une occasion unique de faire la description et le suivi des tendances et des changements dans les taux de participation au sport des Canadiens au fil des ans. Ce riche ensemble de données permet aux chercheurs de déterminer les variables sociodémographiques clés jugées avoir une incidence sur les niveaux de participation, telles que l'âge, le sexe, le niveau de scolarité et le revenu du ménage, la langue maternelle et la situation par rapport au marché du travail. L'engagement dans le sport ne vise pas seulement la participation active. Nous explorons également la participation indirecte des Canadiens au sport amateur à titre d'entraîneurs, d'arbitres ou de juges, d'administrateurs ou d'aides et de spectateurs. Les questions additionnelles posées aux répondants ont porté sur les avantages du sport, sur les raisons de la non-participation ainsi que sur le sentiment perçu sur le plan de la satisfaction de vivre, de l'état de santé et du sentiment d'appartenance à sa collectivité. L'objet du présent rapport est de produire des données de recherche opportunes et pertinentes sur l'ampleur de la participation au sport au Canada et sur les changements survenus dans ce domaine.

---

[4]　Voir leur site Web à l'adresse suivante :　www.cflri.ca.

[5]　Il est possible de consulter ces données sur le site Web de Statistique Canada à l'adresse www.statcan.ca, sous la rubrique Statistiques canadiennes, ou dans le Catalogue n° 82F0075XCB.

Il nous aidera à mieux comprendre les facteurs pouvant contribuer à ces changements, ce qui nous permettra de répondre à la demande accrue de données quantitatives et qualitatives pertinentes sur le sport.

La dernière section présente certains facteurs sociaux et économiques qui peuvent aider à expliquer les changements dans les taux de participation au sport. Les raisons possibles sont multiples, notamment le vieillissement de la population, l'augmentation du coût de l'équipement sportif et des frais d'inscription, les contraintes économiques actuelles, le peu de temps à consacrer aux loisirs et les goûts changeants des consommateurs.

Il est vrai que le présent rapport analyse les données touchant seulement deux années, soit 1992 et 1998. On peut difficilement tirer des conclusions sur une plage de temps aussi réduite, et les auteurs ne prétendent pas que les tendances observées se maintiendront au fil du temps. Il serait intéressant de voir les schémas qui se dégageront sur une période plus longue. Cela dit, le présent rapport offre un bon aperçu du mode de vie des Canadiens relativement au sport en 1992 et en 1998.

3.1   Définition de « sport »

L'Enquête sociale générale a déterminé la pratique des sports par la question suivante :

> « Avez-vous pratiqué des sports de façon régulière au cours des 12 derniers mois? »

« Régulièrement » signifiait que le répondant avait pratiqué un sport au moins une fois par semaine pendant la saison ou pendant une certaine période de l'année. Par exemple, bien que le jeu de quilles ne soit pas un sport saisonnier, le répondant devait l'inclure parmi les activités sportives s'il s'y était adonné de façon régulière durant une période de l'année.

Sport Canada a établi les lignes directrices permettant de déterminer si une activité physique cadrait avec la définition de « sport ». Plus précisément, un sport est une activité qui amène deux participants ou plus à se livrer compétition. Le sport est assorti de règles et méthodes officielles, fait appel à des tactiques et à des stratégies, nécessite des habiletés neuromusculaires spécialisées, et comporte un niveau élevé de difficulté, de risques et d'efforts. Le volet compétitif du sport exige la formation d'entraîneurs compétents. Les activités où la performance d'un véhicule motorisé représente le principal déterminant des résultats de la compétition n'entrent pas dans cette définition.

Sport Canada a dressé une liste d'activités sportives à partir de ces lignes directrices générales. Ont été exclues un certain nombre d'activités physiques et récréatives telles que la gymnastique aérobique, la dansexercice, l'aquaforme, la bicyclette récréative ou comme moyen de transport, le culturisme, la course automobile, la pêche, la randonnée pédestre, la course à pied, le jeu de boules sur pelouse, le motocyclisme, la planche à roulettes, la motoneige et la marche. De plus amples détails sur la conception de l'ESG, sur les questions posées et sur la liste des sports inclus et exclus sont inclus dans le chapitre 16 et les annexes.

3.2   Calcul des taux

Les taux de participation peuvent être calculés de différentes manières. Les taux de participation contenus dans la plupart des tableaux ont été établis en utilisant comme dénominateur la population canadienne totale des 15 ans et plus (PT= population totale). On a également obtenu des taux à partir du nombre total d'hommes de 15 ans et plus (PM= population masculine) et du nombre total de femmes de 15 ans et plus (PF= population féminine). Ces calculs nous permettent de dégager la proportion de participants au sport dans la population totale ainsi que dans les populations masculine et féminine.

Le deuxième ensemble de pourcentages est fondé sur la population qui participe activement à des sports, ce qui nous donne des taux de « *Canadiens actifs* » (PT active, PM active et PF active). Ces pourcentages permettent d'effectuer des comparaisons au sein de la population active. Les notes complémentaires sous chacun des tableaux indiquent les sous-populations utilisées dans le calcul des taux.

4.0 Tendances nationales sur le plan de la pratique des sports en 1992 et en 1998

4.1 Diminution du nombre de Canadiens participant au sport

Selon les plus récentes données publiées par l'Enquête sociale générale, les Canadiens (âgés de 15 ans et plus) ont été moins nombreux à s'adonner à des sports en 1998 que six ans auparavant.

Un tiers (34 %) de la population canadienne (âgée de 15 ans et plus) a fait régulièrement du sport en 1998, soit près de 11 % de moins que la proportion de 45 % obtenue en 1992.

En 1998, 8,3 millions de Canadiens, ou le tiers (34 %) de la population adulte,[6] ont pratiqué un sport de façon régulière, ce qui représente une diminution de près de 11 points de pourcentage par rapport aux 9,6 millions (45 %) de l'enquête de 1992. Cette baisse du taux de participation au sport a été observée dans l'ensemble des groupes d'âge et des provinces, chez les deux sexes, à tous les niveaux de scolarité et pour toutes les tranches de revenu.

Afin de savoir si cette diminution est significative sur le plan statistique, nous avons procédé à un test statistique appelé « test t », avec les résultats suivants : la diminution du taux de participation au sport entre 1992 et 1998 est bel et bien significative sur le plan statistique au niveau de confiance de 95 % (voir la section 16 pour de plus amples détails). En dépit de l'accent récemment mis sur la condition physique, le sport et la santé, les Canadiens ont réellement moins participé au sport.

Cette tendance à la baisse ne veut pas dire que les Canadiens ne font aucune activité physique. Il est reconnu que de nombreux Canadiens font régulièrement de l'exercice dans le cadre de programmes de conditionnement physique ou de cours, tandis que d'autres prennent plaisir à faire de la course à pied, du jardinage, de la marche rapide, etc. L'*Institut canadien de la recherche sur la condition physique et le mode de vie* a récemment dévoilé que les taux d'activité physique seraient en fait à la hausse. De même, l'*Enquête nationale sur la santé de la population* a révélé que la plupart d'entre nous sommes actifs, plus de 9 Canadiens sur 10 faisant de la marche pour se tenir en forme, de la natation, des exercices à la maison, de la course à pied, ou encore en jouant au hockey ou en pratiquant une certaine forme d'activité physique. Les Canadiens sont effectivement actifs physiquement, mais le présent rapport cherche à savoir s'ils participent au *sport*. Nous analysons ici des données propres à la pratique des sports plutôt que d'une activité physique en général. Le document s'attache à un seul aspect du continuum sportif, soit celui de la participation au sport, et exclut les autres formes d'activité physique, depuis le sport de haut niveau et le sport professionnel jusqu'au conditionnement physique.

---

[6] *Population adulte* s'entend de la population qui a répondu au questionnaire de l'ESG – plus précisément les personnes âgées de 15 ans et plus.

4.2 Comment le Canada se classe-t-il par rapport à d'autres pays?

Bien que les statistiques recensées par l'Australie et les États-Unis sur la pratique des sports ne puissent se comparer aux données canadiennes quant aux définitions et aux méthodologies utilisées, il demeure intéressant de constater que les taux de ces deux pays sont relativement semblables aux nôtres.

Australie

Les statistiques australiennes doivent être analysées avec circonspection. Les définitions ont été revues plusieurs fois au fil des années. À l'origine, les données sur la participation au sport étaient classées en deux catégories, soit le sport compétitif et le sport social. En 1996-1997, l'enquête est devenue obligatoire, ce qui a débouché sur une augmentation de 10 % au niveau de la participation. Puis, en 1997-1998, les responsables de l'enquête ont élargi la définition donnée à la participation au sport pour y englober le sport organisé et le sport non structuré en plus des activités physiques, entraînant encore une fois une hausse importante des taux de participation.

Pour obtenir une comparaison fiable des données selon les différentes années, nous devons isoler et analyser séparément les données sur la participation au sport organisé et à des activités physiques. Le taux de participation le plus récent établi en Australie en ce qui concerne le sport organisé et l'activité physique était de 30 %,[7] ce qui se compare aux résultats canadiens de 34 %. En dépit des modifications d'ordre méthodologique, le taux de participation en Australie est demeuré plutôt stable depuis 1993, variant entre 28 % et 30 %.

États-Unis

Peu d'études américaines ont mesuré uniformément les tendances en matière d'activité physique et de sport. Celles qui existent reposent sur diverses méthodes, sur différentes populations cibles et tailles d'échantillons et sur des données remontant au milieu des années 1980 et au début des années 1990. Les données utilisables révèlent que la participation des adultes au sport et à l'activité physique s'est très peu modifiée au fil des ans. Plus de 60 % des adultes américains ne font pas assez d'activité physique pour en retirer des bienfaits sur le plan de la santé, et au-delà de 25 % d'entre eux sont tout à fait sédentaires. Selon le dernier rapport du Surgeon General des États-Unis sur l'activité physique et la santé,[8] 22 % des adultes américains se livrent à une activité physique soutenue de façon régulière, ce qui est bien inférieur au taux de 34 % des Canadiens.

---

[7] www.abs.gov.au/ausstats

[8] www.cdc.gov/nccdphp/

Les taux de participation au sport au Canada sont égaux, sinon supérieurs à ceux signalés aux États-Unis et en Australie. Néanmoins, le niveau réduit de participation au sport au Canada, combiné aux récents changements survenus dans notre démographie, donne à entendre que cette tendance à la baisse pourrait se poursuivre avec le vieillissement de notre population. L'Institut canadien de la recherche sur la condition physique et le mode de vie estime que les innovations technologiques récentes ont accentué la sédentarité au Canada. Alors que nous sommes de plus en plus nombreux à acheter des ordinateurs pour ensuite consacrer plus de notre temps libre à la navigation sur Internet, nous disposons de moins en moins d'heures pour le sport et l'activité physique. La navigation sur Internet peut sembler un loisir de rechange relativement peu coûteux par rapport au sport si on tient compte de l'augmentation des coûts de transport, de l'équipement de sport et des frais d'inscription. La sédentarité est en voie de devenir un sérieux problème de santé publique, une situation qui risque d'entraîner des répercussions sur notre système de santé déjà bien engorgé.

4.3 Plus d'hommes que de femmes ont participé au sport – L'écart entre les deux sexes s'élargit

Il y a une diminution du nombre d'adultes des deux sexes qui s'adonnent aux sports. Le taux de participation chez les hommes demeure plus élevé que celui chez les femmes.

Il subsiste une différence appréciable entre les hommes et les femmes quant à leur participation au sport. Bien que les données de 1992 et 1998 indiquent chez les deux sexes une baisse du taux de participation, celui chez les hommes reste supérieur. En 1998, 43 % des hommes adultes [9] déclaraient s'adonner au sport de façon régulière comparativement à 26 % des femmes adultes. L'écart dans les taux de participation au sport entre les hommes et les femmes semble s'élargir. En 1992, on observait une différence de 14 points de pourcentage entre les deux sexes; en 1998, cette différence était de 17 points.

Autre constatation : la baisse notable du nombre de femmes qui se sont engagées dans le sport au cours de cette période de six ans. En 1992, plus du tiers des femmes adultes (38 %) avaient dit participer au sport. En 1998, seulement un peu plus du quart d'entre elles (26 %) affirmaient la même chose, ce qui représente une baisse de 12 points de pourcentage.

---

[9] Le terme « adulte » fait référence aux personnes âgées de 15 ans et plus.

Tableau 1.

Profil des adultes canadiens qui participent régulièrement au sport selon le sexe
– données de 1992 et 1998

	1992		1998		Variation nette
	x 10³	%	x 10³	%	
Hommes	5 454	52.3	5 140	43,1	-9,2
Femmes	4 141	38.1	3 169	25.7	-12.4
Total	9 594	45,1	8 309	34,2	-109

Les taux de participation ont été établis en tenant compte de tous les Canadiens âgés de 15 ans et plus, pour chacun des sexes, donnant ainsi des taux selon chaque sexe.
Source : Statistique Canada, Enquête sociale générale, 1992 et 1998.

4.4   La pratique des sports diminue avec l'âge

Les jeunes sont les plus actifs

Les niveaux de participation au sport diminuent de façon marquée à mesure que nous vieillissons. Plus une personne est jeune, plus elle est susceptible de s'adonner à des sports.

Les récentes tendances démontrent que le niveau de participation au sport diminue beaucoup à mesure que nous vieillissons. Plus une personne est jeune, plus elle est susceptible de s'adonner à un sport. Malheureusement, ce mode de vie active ne semble pas se perpétuer au-delà de la vingtaine. Le groupe d'âge le plus jeune, soit celui des 15 à 18 ans, démontre le taux de participation le plus élevé, alors que sept d'entre eux sur dix (68 %) pratiquaient en 1998 une activité sportive au moins une fois par semaine, ce qui représente le double du taux national (34 %). Cette proportion passe à cinq personnes sur dix dans le groupe des 19 à 24 ans, à quatre personnes sur dix chez les 25 à 34 ans, et à seulement deux sur dix parmi les gens de 55 ans et plus.

Les données de 1998 sur le taux de participation au sport indiquent une diminution par rapport à celles de 1992, et ce, pour tous les groupes d'âge, mais particulièrement chez ceux des 25 à 34 ans et des 35 à 54 ans (baisses respectives de 14 et 12 points de pourcentage). Cet état de choses n'est pas surprenant en soi puisque les adultes âgés entre 25 à 54 ans traversent la période la plus occupée de leur vie : université, carrière, famille, éducation des enfants, ce qui laisse peu de temps pour s'adonner à un sport.

Le graphique 1 illustre que, bien que le fossé des sexes dans les taux de participation au sport persiste pour tous les groupes d'âge, il diminue à mesure que les gens vieillissent. L'écart le plus accentué à ce chapitre se situe dans les tranches les plus jeunes, à savoir les 15 à 18 ans et les 25 à 34 ans, où on constate dans les deux cas une différence de 25 points de pourcentage. L'écart se rétrécit graduellement chez les groupes d'âge restants, de sorte que c'est chez les 55 ans et plus qu'il est le moins grand.

Tableau 2.

Profil d'âge des Canadiens qui participent régulièrement au sport
– données de 1992 et 1998

	1992		1998		Variation nette
	x 10³	%	x 10³	%	
Total	9 594	451	8 309	451	-109
Groupe d'âge					
15-18	1 185	76,8	1 121	76,8	-8,6
19-24	1 375	61,3	1 235	61,3	-10,2
25-34	2 483	52,8	1 781	52,8	-14,2
35-54	3 196	43,0	2 937	43,0	-116
55 et plus	1 355	25,3	1 234	25,3	-55

Les taux de participation ont été établis en tenant compte du nombre total de Canadiens de chacune des catégories.

Source : Statistique Canada, Enquête sociale générale, 1992 et 1998

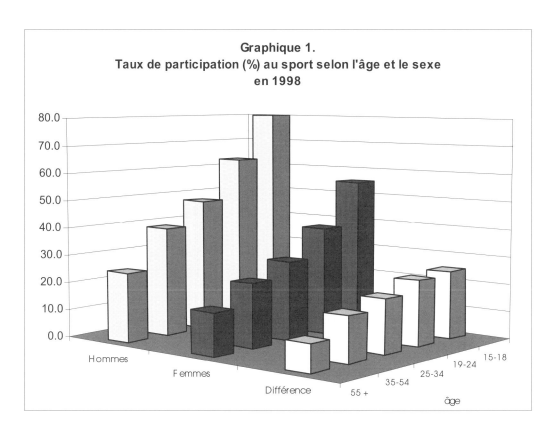

Graphique 1.
Taux de participation (%) au sport selon l'âge et le sexe en 1998

	15 - 18	19 - 24	25 - 34	35 - 54	55 +
Hommes	800	630	483	395	251
Femmes	552	393	288	232	153
Différence	248	237	195	163	98

Source : Statistique Canada, Enquête sociale générale, 1998

La population canadienne vieillit. L'explosion démographique a eu une incidence considérable sur la répartition et la structure par âge de la population générale. Selon les projections actuelles, le nombre de personnes âgées qui vivent au Canada connaîtra une hausse notable au cours des 20 prochaines années. Ce changement démographique aura vraisemblablement des conséquences de taille sur le secteur sportif. Compte tenu du tableau démographique actuel, qui illustre une société vieillissante avec ses « baby-boomers » entamant leur cinquantaine et leur soixantaine, le niveau de participation au sport risque de chuter davantage.

4.5   Tendances provinciales/régionales

Le Québec, l'Alberta et la C.-B. enregistrent les taux de participation les plus élevés

En 1998, les résidents des provinces de l'Atlantique et de l'Ontario affichaient les taux les plus faibles tandis que ceux du Québec, de l'Alberta et de la Colombie-Britannique se montraient les plus actifs.

Les disparités régionales et provinciales observées en 1992 dans les niveaux de participation au sport sont encore présentes en 1998. De façon plus précise, on remarque des différences à l'échelle du pays, alors que les taux de participation ont tendance à croître à mesure que nous progressons de l'est vers l'ouest. Ainsi, les résidents des provinces de l'Atlantique et de l'Ontario affichent les taux les plus faibles tandis que ceux du Québec, de l'Alberta et de la Colombie-Britannique se montrent les plus actifs.

Tableau 3.

Participation au sport au Canada et dans les provinces en 1992 et 1998

	1992		1998		
	x 10³	% de participation	x 10³	% de participation	variation nette
CANADA	9 594	45,1	8 309	34,3	-10,8
Terre-Neuve	160	36,4	119	26,6	-9,8
Île-du-Prince-Édouard	40	40,3	27	25,2	-15,1
Nouvelle-Écosse	333	46,8	248	32,6	-14,2
Nouveau-Brunswick	251	44,1	194	31,6	-12,5
Québec	2 655	48,7	2 288	38,1	-10,6
Ontario	3 234	40,9	2 921	31,8	-9,1
Manitoba	349	41,5	265	29,7	-11,9
Saskatchewan	335	45,3	267	33,9	-11,4
Alberta	869	44,9	833	36,8	-8,1
Colombie-Britannique	1 368	52,7	1 147	35,8	-169

Les taux de participation ont été établis en tenant compte du nombre total de Canadiens âgés de 15 ans et plus dans chacune des provinces.

Source : Statistique Canada, Enquête sociale générale, 1992 et 1998

En 1992, la Colombie-Britannique arborait le taux culminant au pays alors que plus de la moitié de sa population (53 %) faisait régulièrement du sport. Le Québec (49 %) et la Nouvelle-Écosse (47 %) suivaient de près. Chacune de ces provinces se flattait de ses taux de participation supérieurs à la moyenne nationale. En 1998, la proportion des « mordus » du sport en Colombie-Britannique avait chuté de 17 points de pourcentage pour atteindre 36 %, ce qui la plaçait en troisième position derrière le Québec (38 %) et l'Alberta (37 %). Le Québec peut s'enorgueillir actuellement du taux de participation le plus fort avec une proportion de près quatre personnes sur dix qui s'adonnent régulièrement à une activité sportive.

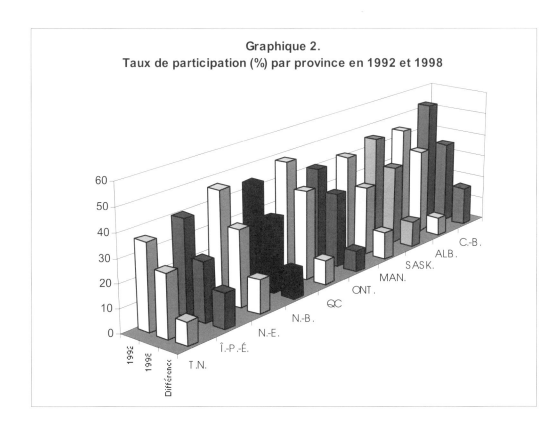

Graphique 2.
Taux de participation (%) par province en 1992 et 1998

	T.-N.	Î.-P.-É.	N.-É.	N.-B.	QC	ONT.	MAN.	SASK.	ALB.	C.-B.
1992	364	403	468	441	487	409	415	453	449	527
1998	266	252	326	316	381	318	291	339	368	358
Différence	98	151	142	125	106	91	118	114	81	169

Source : Statistique Canada, Enquête sociale générale, 1992 et 1998

4.6   La pratique des sports augmente avec la scolarité

Plus le niveau de scolarité est élevé, plus le taux de participation au sport l'est également.

Selon les données conjoncturelles, plus le niveau de scolarité est élevé, plus l'est également le taux de participation au sport. En 1998, près de la moitié (46 %) des personnes détenant un diplôme universitaire s'étaient engagées dans le sport, comparativement à moins d'un tiers (29 %) chez celles ayant effectué des études partielles au niveau secondaire ou moins. Plusieurs facteurs peuvent être invoqués pour expliquer un tel rapport. On pourrait supposer, par exemple, que plus une personne est scolarisée, plus elle connaît les bienfaits que procure le sport. Sinon, l'âge peut constituer un facteur déterminant étant donné que les jeunes gens s'intéressent davantage à la pratique des sports et, de façon générale, ont atteint des niveaux de scolarité supérieurs à ceux des générations précédentes.

Cette tendance participation-scolarité s'observe autant chez les hommes que chez les femmes. Quel que soit le sexe, l'augmentation de l'activité sportive va de pair avec celle des études.

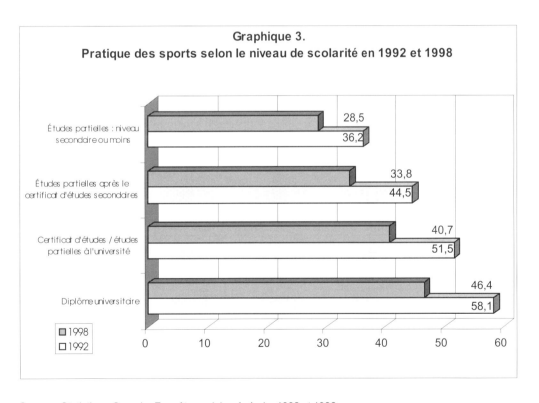

Source : Statistique Canada, Enquête sociale générale, 1992 et 1998

4.7 La pratique des sports s'accroît avec le revenu du ménage

Plus le revenu du ménage est élevé, meilleur est le taux de participation au sport.

Une tendance similaire s'observe entre le revenu du ménage et la pratique des sports. Ainsi, plus le revenu du ménage est élevé, meilleur est le taux de participation au sport. En 1998, un peu plus de la moitié (51 %) des répondants disposant d'un revenu du ménage de 80 000 $ ou plus ont participé au sport comparativement au quart des répondants avec un revenu du ménage inférieur à 20 000 $. Il est vrai qu'il faut de l'argent pour acheter l'équipement requis pour bon nombre de sports. Cela dit, la pratique de sports tels que le soccer, la natation et le basket-ball ne demandent que des déboursés minimes, le cas échéant. Donc, la question monétaire n'est pas le seul facteur en jeu. Les personnes dont le revenu du ménage est plus élevé ont généralement un niveau de scolarité plus élevé, ce qui porte à croire que l'éducation joue un rôle.

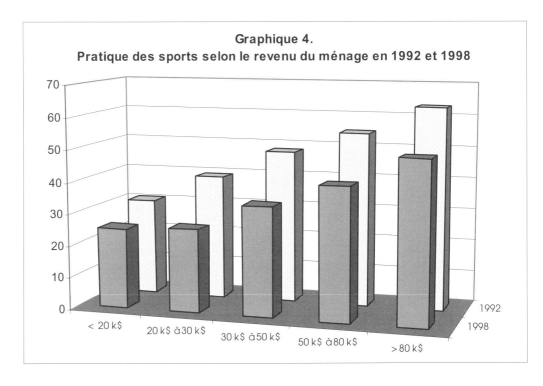

Graphique 4.
Pratique des sports selon le revenu du ménage en 1992 et 1998

	< 20 K $	20 K $ - 30 K $	30 K $ - 50 K $	50 K $ - 80 K $	> 80 K $
1998	252	262	344	415	506
1992	305	392	482	548	632

Source : Statistique Canada, Enquête sociale générale, 1992 et 1998

4.8 Langue maternelle

Les personnes plurilingues sont les plus actives sur le plan sportif

En 1998, le taux de participation des anglophones et celui des francophones est semblable. Les répondants plurilingues ont affiché le taux de participation le plus élevé (41 %).

L'incidence de la langue maternelle (à savoir, la première langue apprise dans l'enfance) sur les taux de participation au sport révèle quelques schémas intéressants. En 1992 tout comme en 1998, on remarquait une faible différence entre le taux de participation des anglophones (37 %) et des francophones (38 %). Fait intéressant : les répondants plurilingues ont affiché le taux de participation le plus élevé (41 %). Quant aux personnes s'exprimant dans une langue maternelle autre que le français ou l'anglais, elles sont les moins actives (26 %), le taux étant de 10 % inférieur à celui des anglophones ou des francophones.

Une comparaison des taux de 1992 et de 1998 indique une baisse d'environ dix points de pourcentage pour chaque catégorie linguistique, exception faite des personnes plurilingues, chez qui on dénote une baisse de 23 points de pourcentage. De façon plus précise, on est passé d'une proportion de six personnes sur dix en 1992 qui s'adonnaient à un sport, à une proportion de quatre sur dix en 1998. Il est difficile d'expliquer pourquoi s'est produite une baisse aussi spectaculaire.

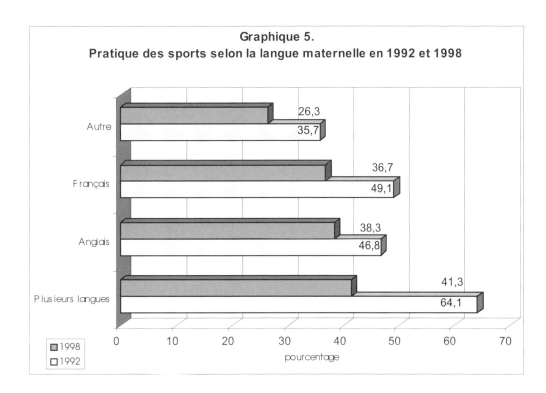

Graphique 5.
Pratique des sports selon la langue maternelle en 1992 et 1998

Source : Statistique Canada, Enquête sociale générale, 1992 et 1998

4.9 Situation sur le marché du travail

Les étudiants sont les plus actifs sur le plan sportif

Les étudiants (avec ou sans emploi) ont affiché le taux de participation au sport le plus élevé avec 64 %, ce qui représente presque le double de la moyenne nationale.

L'Enquête sociale générale a mis en lumière des différences dans les taux de participation au sport selon les diverses formes d'activité professionnelle. Ainsi, les étudiants (avcc ou sans emploi) ont affiché le taux de participation le plus élevé avec 64 %, ce qui représente presque le double de la moyenne nationale. Cette observation confirme la tendance voulant que les jeunes entre 15 et 24 ans constituent la tranche de la population la plus active. Par ailleurs, il est fort probable qu'ils fréquentent encore l'école à cet âge.

Quant aux catégories d'emploi restantes, il semble que ce soient les personnes disposant du moins de temps libre qui s'adonnent le plus au sport. En effet, alors que 40 % des travailleurs à temps plein pratiquent un sport de façon régulière, ce taux chute à 33 % du côté des travailleurs à temps partiel,[10] et à 23 % chez les personnes n'étant pas sur le marché du travail.

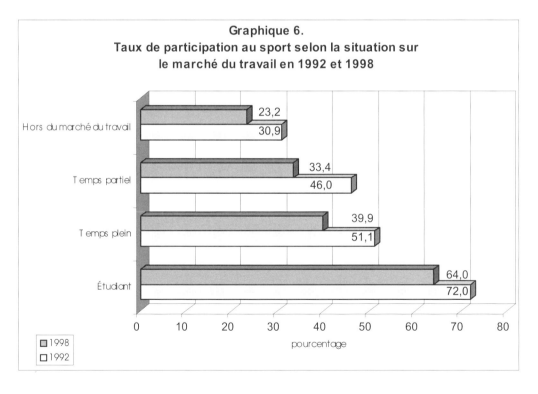

Graphique 6.
Taux de participation au sport selon la situation sur le marché du travail en 1992 et 1998

Hors du marché du travail : 23,2 (1998) / 30,9 (1992)
Temps partiel : 33,4 (1998) / 46,0 (1992)
Temps plein : 39,9 (1998) / 51,1 (1992)
Étudiant : 64,0 (1998) / 72,0 (1992)

pourcentage

Source : Statistique Canada, Enquête sociale générale, 1992 et 1998

---

[10] Travaillant moins de 30 heures par semaine.

Tableau 4.

Profil des Canadiens âgés de 15 ans et plus qui ont participé régulièrement au sport en 1998

	Total		Hommes		Femmes	
	X 10³	%	x 10³	%	x 10³	%
	8 309	34,2	5 140	43,1	3 169	25,7
Groupe d'âge						
15-18	1 121	68,2	688	80,0	433	55,2
19-24	1 235	51,1	760	63,0	475	39,3
25-34	1 781	38,6	1 121	48,3	660	28,8
35-54	2 937	31,4	1 852	39,5	1 085	23,2
55 et plus	1 234	19,8	719	25,1	516	15,3
Niveau de scolarité						
Études partielles : niveau secondaire ou moins	1 794	28,5	1 115	36,0	679	21,3
Études partielles : collège/certificat d'études	2 049	33,8	1 262	44,3	787	24,5
Certificat d'études/études partielles à l'université	2 522	40,7	1 529	51,7	993	30,6
Diplôme universitaire	1 900	46,4	1 210	53,0	690	38,1
Revenu du ménage						
Moins de 20 000 $	581	25,2	278	29,9	303	22,0
20 000 $ à 29 999 $	479	26,2	274	32,9	205	20,6
30 000 $ à 49 999 $	1 465	34,4	849	41,9	616	27,5
50 000 $ à 79 999 $	1 833	41,5	1 260	52,2	572	28,5
80 000 $ ou plus	1 602	50,6	1 136	57,3	466	39,3
Province de résidence						
Terre-Neuve	119	26,6	78	35,3	40	17,7
Île-du-Prince-Édouard	27	25,2	17	32,7	9	16,4
Nouvelle-Écosse	248	32,6	162	43,7	87	22,3
Nouveau-Brunswick	194	31,6	115	38,2	78	25,0
Québec	2 288	38,1	1 329	45,2	959	31,3
Ontario	2 921	31,8	1 861	41,3	1 060	22,7
Manitoba	265	29,7	163	37,0	102	22,5
Saskatchewan	267	33,9	177	45,5	90	22,6
Alberta	833	36,8	532	47,0	301	26,7
Colombie-Britannique	1 147	35,8	705	44,6	442	27,3
Participation au marché du travail						
Temps plein	4 544	39,9	3 249	47,0	1 295	28,9
Temps partiel	539	33,4	174	47,7	364	29,1
Étudiant avec/sans emploi	1 515	64,0	917	76,3	598	51,3
N'est pas sur le marché du travail	1 562	23,2	732	29,9	830	19,3
Langue maternelle						
Anglais seulement	4 347	38,3	2 766	48,8	1 580	27,8
Français seulement	1 586	36,7	908	45,0	678	29,4
Autre langue seulement	620	26,3	410	33,9	210	18,2
Plusieurs langues	1 719	41,3	1 029	49,9	689	32,9

Les taux de participation ont été établis en tenant compte de la population canadienne totale de 15 ans et plus pour chaque catégorie désignée.

Source : Statistique Canada, Enquête sociale générale, 1998

5.0 Sports les plus populaires

5.1 Le golf était le sport le plus populaire en 1998

Le golf a détrôné le hockey au premier rang des sports de prédilection. Le golf, le hockey, le base-ball et la natation ont été les sports les plus souvent signalés par les adultes canadiens en 1998.

Selon l'ESG, le golf a remplacé le hockey au premier rang des activités sportives les plus populaires [11] en 1998. Plus de 1,8 million de Canadiens (7,4 % de la population adulte) ont indiqué jouer au golf de façon régulière comparativement à 1,3 million (5,9 %) en 1992. L'intérêt manifesté envers ce sport est essentiellement l'affaire des hommes adultes, qui composent les trois quarts (74 %) de tous les golfeurs. Selon les statistiques, leur nombre serait donc passé de 912 000 en 1992 à 1,3 million six années plus tard. Quant aux golfeuses, leur présence est beaucoup moins marquée, bien que leur nombre en 1998 – près de 500 000 selon les déclarations – soit impressionnant. Près de 60 % des golfeurs avouent jouer une ou deux fois par semaine, tandis qu'une autre tranche de 20 % déclare parcourir les terrains de golf trois fois ou plus dans une même semaine durant la saison propice.

En 1998, le hockey se classait au second rang parmi les sports les plus populaires. Un million et demi d'adultes canadiens (6,2 % de la population) déclaraient s'adonner à ce sport, une proportion assez proche de celle enregistrée en 1992, c'est-à-dire 1,4 million (6,4 %). Comme prévu, les hommes composent l'essentiel de cette population, soit 96 %. Enfin, le base-ball (5,5 %) et la natation (4,6 %) se sont classés aux troisième et quatrième rangs.

L'enquête de 1998 comportait deux nouveaux sports : la planche à neige et le patin à roues alignées. Environ 81 000 Canadiens ont indiqué avoir fait de la planche à neige cette année-là, et une autre tranche de 70 000 personnes révélaient avoir fait du patin à roues alignées. La combinaison de ces deux groupes donne un taux de représentation inférieur à 1 % de la population adulte.

Le golf, le hockey, le base-ball et la natation (en ordre décroissant) étaient de loin les sports les plus populaires chez les adultes canadiens en 1998. Six ans plus tôt, c'était le hockey, le ski alpin, la natation et le golf. Le coût à la hausse de l'équipement de ski, des cartes d'accès aux remonte-pentes et du transport peuvent expliquer en partie la baisse de popularité de ce sport.

Les Canadiens tendent à adopter l'activité sportive qui s'intègre bien dans leur vie quotidienne. Il est donc plus probable que les sports auxquels ils s'adonneront régulièrement seront ceux qui sont relativement peu structurés, qui peuvent se pratiquer à l'intérieur ou à l'extérieur des installations et qui conviennent à la plupart des horaires.

---

[11] Les répondants peuvent indiquer qu'ils participent à plus d'un sport.

5.2 Les femmes et les hommes aiment des sports différents

Les femmes de 15 ans et plus ont manifesté une préférence pour la natation, le golf, le base-ball et le volley-ball, alors que les hommes ont avoué un penchant pour le hockey, le golf, le base-ball et le basket-ball.

Les femmes de 15 ans et plus ont dit préférer la natation, le golf, le base-ball et le volley-ball, alors que les hommes ont avoué un penchant pour le hockey, le golf, le base-ball et le basket-ball.

On dénote des schémas régionaux intéressants dans le domaine des préférences sportives. Ainsi, le hockey vient au premier rang parmi les résidents des provinces de l'Atlantique, tandis que le golf est de loin le sport de prédilection dans les Prairies et en Colombie-Britannique. Les gens de l'Ontario démontrent un intérêt égal pour trois sports : le golf, le hockey et le base-ball, tandis que ceux du Québec ont un faible pour la natation, suivie du golf et du hockey.

Tableau 5.

Les sports* les plus populaires chez la population canadienne (15 ans et plus) en 1998

	Total	Hommes	Femmes	Taux global de participation (1)	Taux de participation active (2)	Taux d'hommes actifs	Taux de femmes actives
Population (15 ans et plus)				24 260	8 309	5 140	3 169
	x 10³	x 10³	x 10³	%	%	%	%
Golf	1 802	1 325	476	7,4	21,7	25,8	15,0
Hockey (sur glace)	1 499	1 435	65	6,2	18,0	27,9	2,1
Base-ball	1 339	953	386	5,5	16,1	18,5	12,2
Natation	1 120	432	688	4,6	13,5	8,4	21,7
Basket-ball	787	550	237	3,2	9,5	10,7	7,5
Volley-ball	744	394	350	3,1	9,0	7,7	11,0
Soccer	739	550	189	3,0	8,9	10,7	6,0
Tennis	658	434	224	2,7	7,9	8,4	7,1
Ski (alpin)	657	342	315	2,7	7,9	6,7	9,9
Cyclisme	608	358	250	2,5	7,3	7,0	7,9
Ski (de fond)	512	208	304	2,1	6,2	4,0	9,6
Haltérophilie	435	294	140	1,8	5,2	5,7	4,4
Badminton	403	199	204	1,7	4,9	3,9	6,4
Football	387	347	40	1,6	4,7	6,8	1,3
Curling	312	179	133	1,3	3,8	3,5	4,2
Dix-quilles	282	132	150	1,2	3,4	2,6	4,7
Cinq-quilles	200	79	122	0,8	2,4	1,5	3,8
Softball	210	118	92	0,9	2,5	2,3	2,9
Squash	163	x	x	0,7	2,0	x	x
Karaté	129	81	48	0,5	1,6	1,6	1,5
Patinage artistique	121	46	75	0,5	1,5	0,9	2,4
Rugby	104	x	x	0,4	1,3	x	x
Hockey-balle	91	x	x	0,4	1,1	x	x
Planche à neige	81	x	x	0,3	1,0	x	x
Ski nautique	79	x	x	0,3	1,0	x	x
Patin à roues alignées	70	x	x	0,3	0,8	x	x
Racketball	58	x	x	0,2	0,7	x	x
Autre	323	219	104	1,3	3,9	4,3	3,3

* Les répondants peuvent indiquer qu'ils participent à plus d'un sport.
(1) Le calcul du pourcentage s'effectue en tenant compte de la population canadienne totale de 15 ans et plus.
(2) Le calcul du pourcentage s'effectue en tenant compte de la population qui participe à au moins un sport – la population « active ».
Source : Statistique Canada, Enquête sociale générale, 1998

6.0 Participation au sport par d'autres membres de la famille

Le fait qu'un des membres de la famille s'adonne à un sport semble encourager les autres à emboîter le pas. Ainsi, à la question de savoir si d'autres membres dans la famille faisaient du sport, 8,3 millions d'adultes canadiens, soit 34 %, ont répondu par l'affirmative. Une proportion de 60 % ont déclaré qu'un autre membre de la cellule familiale était actif, alors qu'une autre tranche de 30 % indiquaient deux autres membres, et seulement 10 % ont coché la réponse suggérant que trois membres ou plus participaient au sport.

Les études ont démontré que les enfants et les adolescents dont les parents étaient actifs avaient tendance à adopter davantage cette habitude que les enfants dont les parents étaient inactifs. Le fait d'être mis en contact dès le jeune âge avec l'exercice régulier ou le sport constitue une expérience d'apprentissage essentielle. On croit que la participation active à un sport joue un rôle dans la croissance et le développement optimaux des enfants. Elle favorise le développement de la coordination, donne une image positive, aide à acquérir la force de concentration, ce qui améliore l'apprentissage, et apprend aux enfants la coopération et le partage.

6.1 Un peu plus de la moitié des enfants de 5 à 14 ans s'adonnent au sport [12]

À peine plus de la moitié (54 %) des enfants canadiens âgés entre 5 et 14 ans ont participé activement à un sport.

En dépit des avantages importants de la pratique régulière d'un sport, les plus récentes données de l'ESG démontrent qu'à peine plus de la moitié (54 %) de la population estimative de 4,1 millions d'enfants canadiens âgés de 5 à 14 ans s'adonnaient au sport.[13] Pourquoi nos enfants ne participent-ils pas en plus grand nombre? On pourrait peut-être mettre au banc des accusés l'attrait qu'exerce la technologie de l'information, à notre époque où les jeux vidéo, les ordinateurs et l'Internet prennent place dans nos foyers à un rythme extrêmement rapide et captivent beaucoup de jeunes. Il faut également tenir compte du peu de temps libre dont disposent à la fois les jeunes, fort occupés par les travaux scolaires et les activités parascolaires, et leurs parents, dont l'horaire ne leur permet pas toujours de faire la navette entre la maison et le terrain d'exercices ou de jeux.

---

[12] Les données sur la participation sportive des enfants (5 à 14 ans) découlent en grande partie d'un article à venir intitulé *A Family Affair: Children's Participation in Sports*, par F. Kremarik, dans « Canadian Social Trends » [Tendances sociales canadiennes], automne 2000, Statistique Canada, n° cat. 11-008.

[13] Le nombre d'enfants qui participent au sport est peut-être sous-évalué puisque l'information à leur propos a été recueillie auprès de répondants (15 ans et plus) qui s'exprimaient au nom des autres membres de la famille, pour un maximum de quatre personnes. Par conséquent, il est possible que la participation des enfants dans les grandes familles n'ait pas été entièrement déclarée.

6.2 Les filles font moins de sport que les garçons

Les filles ont tendance à être moins actives que les garçons.

Les filles ont tendance à faire moins de sport que les garçons. Dans le passé, notre société croyait qu'il était moins important pour les filles que les garçons de s'adonner au sport. On disait qu'elles manquaient de coordination, de confiance, de force, de vitesse et d'intérêt pour les sports. Donc, elles n'étaient pas encouragées à s'y adonner. Les données de l'ESG menée en 1998 révèlent que certaines de ces perceptions ont encore cours aujourd'hui, alors que 61 % des garçons entre 5 et 14 ans font du sport comparativement à 48 % des filles.

6.3 Le soccer est le sport le plus populaire chez les jeunes de 5 à 14 ans

Le soccer, la natation, le hockey et le base-ball figurent parmi les sports les plus populaires chez la tranche des 5 à 14 ans. Trois enfants actifs sur dix (31 %) disent jouer au soccer, qui obtient la palme parmi les sports de prédilection. Viennent ensuite ex-aequo la natation et le hockey (24 % chacun), suivis du base-ball (22 %).

On dénote des différences entre les filles et les garçons quant aux sports qu'ils préfèrent. Ainsi, le hockey trône en tête de liste pour les garçons actifs, tandis que les filles ont un penchant plus marqué pour la natation. Fait intéressant, au-delà de la préférence initiale, les deux sexes déclarent des intérêts communs pour d'autres sports, soit le soccer en deuxième place, suivi du base-ball et, enfin, du basket-ball.

Tableau 6.

Les sports* les plus populaires chez les enfants âgés de 5 à 14 ans en 1998

	Taux de participation des enfants actifs [1]	Proportion de garçons actifs [1]	Proportion de filles actives [1]
	%	%	%
Soccer	31,4	34,4	27,7
Natation	23,6	18,8	29,9
Hockey (sur glace)	23,6	37,4	5,7
Base-ball	21,9	25,7	169
Basket-ball	13,1	12,4	14,1
Ski alpin	7,2	6,3	8,3
Patinage artistique	5,8	x	x
Karaté	5,5	6,5	4,1
Volley-ball	5,2	3,1	8,1

* La combinaison des totaux ne donne pas 100 % étant donné que les répondants ont pu indiquer plus d'un sport d'intérêt pour un enfant.

(1) Le calcul du pourcentage s'effectue en tenant compte de la population qui participe à au moins un sport – la population « active ».

Source : Statistique Canada, Enquête sociale générale, 1998

6.4 Le revenu du ménage est un élément clé de la participation des enfants au sport

Le revenu du ménage joue un rôle clé dans l'engagement des enfants dans un sport. Les enfants provenant de familles au revenu inférieur à 40 k $ ont fait moins de sport, comparativement à ceux de familles au revenu supérieur à 80 k $.

Selon une récente étude canadienne, le revenu serait un obstacle à la participation des enfants au sport dans les foyers où les salaires sont moins élevés.[14] Les données tirées de l'Enquête sociale générale de 1998 semblent appuyer cette théorie. Près des trois quarts (73 %) des enfants dont les parents gagnent 80 000 $ ou plus s'adonnaient au sport, comparativement à 49 % chez les enfants provenant de foyers au revenu inférieur à 40 000 $. De façon plus précise, les enfants issus de familles au revenu de moins de 40 000 $ étaient plus enclins à participer à des sports relativement moins coûteux comme le base-ball, tandis que les jeunes des milieux plus riches s'adonnent davantage au ski alpin et à la natation.

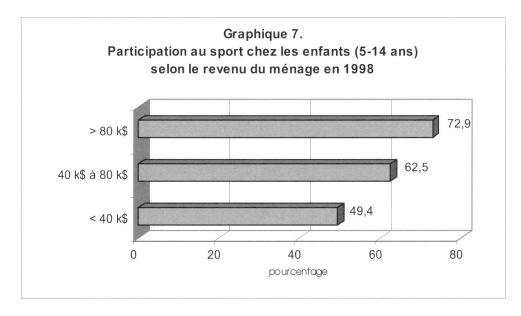

Graphique 7.
Participation au sport chez les enfants (5-14 ans) selon le revenu du ménage en 1998

Source : *L'activité sportive chez les enfants : une affaire de famille*, Tendances sociales canadiennes, automne 2000 Catalogue n° 11-008

6.5 Les parents comme modèles de comportement

Si la participation des parents au sport incite les enfants à faire de même, le sexe du parent sportif ne semble pas être un facteur déterminant. Ainsi, dans les familles à deux parents où le père s'intéressait au sport soit à titre administratif, soit en tant que participant actif, une proportion de 66 % des enfants participaient à des sports organisés. Dans les foyers où la mère était la partie active du couple dans le sport, la proportion des enfants actifs atteignait un peu plus de 64 %.

---

[14] Offord, D., E. Lipman et E. Duku. 1998. *Sports, the Arts and Community Programs: Rates and Correlates of Participation,* Ottawa, Développement des ressources humaines du Canada.

Cela dit, le taux de participation des enfants au sport dépend également du degré de participation d'un parent dans le sport amateur. Près du deux tiers des jeunes actifs (1,5 million) ont au moins un parent qui s'intéresse au sport organisé d'une façon ou d'une autre. La plupart du temps, les parents jouent eux-mêmes un rôle actif, tandis que d'autres parents assument des fonctions administratives ou font les deux. De façon plus précise, les deux tiers (65 %) des enfants dont au moins un des parents est actif font eux-mêmes du sport. Dans les cas où au moins un parent prête main-forte dans les fonctions administratives, le taux de participation des enfants grimpe à 83 %. Enfin, dans le cas où les deux parents font du sport et jouent un rôle administratif, le taux de participation des enfants s'élève à 86 %. Par opposition, dans les familles où aucun des deux parents ne s'intéresse au sport amateur, la participation sportive des enfants est de 36 %.

Fait intéressant, on ne remarque pas de différence appréciable entre les taux de participation des enfants dont les parents cumulent sport et fonctions administratives (86 %) et ceux dont les parents remplissent uniquement des fonctions administratives (83 %). La chose s'explique sans doute par la tendance de nombreux parents à se proposer comme entraîneurs, arbitres ou administrateurs dans les sports auxquels participent leurs enfants.

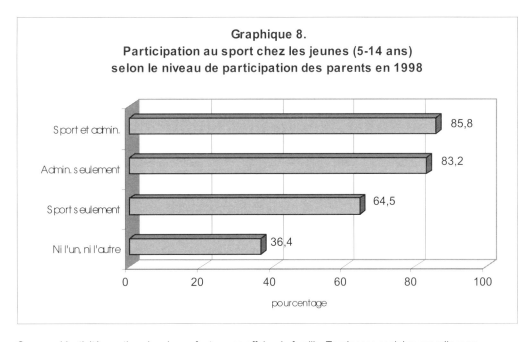

Source : *L'activité sportive chez les enfants : une affaire de famille*, Tendances sociales canadiennes, automne 2000 Catalogue n° 11-008

On pourrait s'attendre à ce que la structure familiale ait une incidence sur la participation des enfants au sport étant donné qu'il est probablement plus facile pour un ménage à deux parents de partager les responsabilités du transport et des coûts comparativement à un ménage à un seul parent. À vrai dire, les taux de participation des enfants issus de familles monoparentales ou biparentales n'étaient pas très différents (54 % et 53 % respectivement).

En approfondissant un peu les recherches, nous constatons des différences dans les niveaux de participation parentale entre les familles monoparentales et biparentales. Ainsi, les enfants issus d'un foyer à parent unique démontrent un taux de participation au sport généralement plus élevé là où le parent s'intéresse au sport dans un rôle ou un autre. De façon plus précise, près de 100 % des jeunes issus de telles familles font du sport si le parent en fait ou donne un coup de main aux tâches administratives, par rapport à une proportion de 85 % chez les jeunes issus de ménages à deux parents.

La préparation de la prochaine génération de participants sportifs, d'athlètes et d'entraîneurs est essentielle à la survie du sport amateur. Le sport donne aux enfants de tous les âges l'occasion de participer à des activités coopératives, stimulantes et agréables. Du même coup, ils vivent des expériences positives qui ne peuvent que leur être profitables.

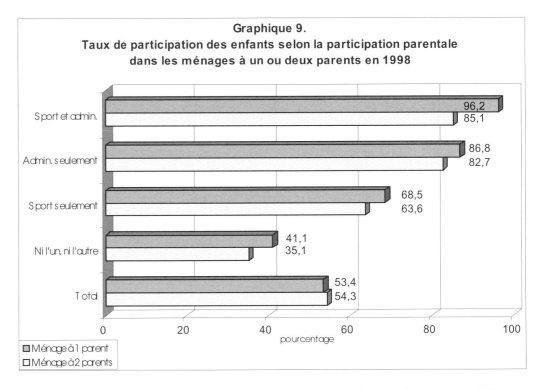

Graphique 9.
Taux de participation des enfants selon la participation parentale dans les ménages à un ou deux parents en 1998

Source : *L'activité sportive chez les enfants : une affaire de famille*, Tendances sociales canadiennes, automne 2000 Catalogue n° 11-008

La pratique des sports au Canada - 1998

7.0 Hausse de l'adhésion à des clubs sportifs ou à des ligues communautaires

En 1998, 19 % de tous les Canadiens (15 ans et plus) déclaraient faire partie d'un club, d'une ligue communautaire ou d'une autre organisation sportive locale ou régionale de sport amateur (20 % chez les hommes, 18 % chez les femmes), ce qui représente une hausse de 4 points de pourcentage comparativement à la proportion de 15 % enregistrée à ce chapitre en 1992 (20 % chez les hommes, 12 % chez les femmes).

En 1998, plus de la moitié (55 %) des « Canadiens actifs » étaient membres d'un club de la localité, d'une ligue communautaire ou d'un autre organisme local de sport amateur.

Dans le seul cas des Canadiens « actifs », à savoir ceux qui s'adonnent régulièrement au sport, nous constatons que plus de la moitié (55 %) d'entre eux appartenaient en 1998 à un club local ou à une ligue communautaire. Cette donnée représente une hausse substantielle de 20 points de pourcentage chez cette catégorie de gens par rapport à 1992 (34 %).

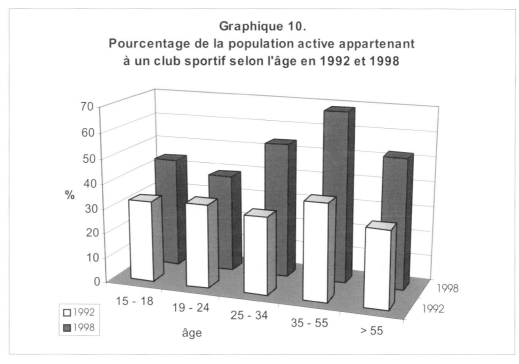

Graphique 10.
Pourcentage de la population active appartenant à un club sportif selon l'âge en 1992 et 1998

	15 - 18	19 - 24	25 - 34	35 - 54	55 +
1998	441	392	541	685	524
1992	327	336	310	388	310

Source : Statistique Canada, Enquête sociale générale, 1992 et 1998

7.1 Augmentation subite de l'adhésion des femmes à des clubs sportifs

Le nombre de femmes membres de clubs sportifs a grimpé subitement. En 1998, près des trois quarts des femmes actives (71 %) appartenaient à un club sportif.

La réelle différence se situe dans la proportion de femmes qui appartiennent à des clubs sportifs. Si près de la moitié (46 %) des hommes actifs étaient inscrits à un club sportif ou à une ligue communautaire en 1998, la proportion dans le groupe équivalent de femmes atteint presque les trois quarts (71 %). De plus, les données indiquent que huit femmes actives sur dix âgées entre 25 et 34 ans, et pratiquement toutes les femmes actives âgées entre 35 et 54 ans (93 %), appartenaient à des clubs sportifs en 1998.

Pourquoi cette augmentation subite du nombre de femmes inscrites à des clubs sportifs ou à des ligues communautaires? Sans doute que les femmes, davantage que les hommes, recherchent des partenaires de sport. En se joignant ainsi à des groupes, elles ont plus de chances de trouver de nombreux adversaires valables. De plus, elles trouvent en ces endroits l'orientation, l'expertise et les stimulants dont elles ont besoin pour s'initier à de nouveaux sports ou parfaire leur technique dans ceux auxquels elles s'adonnent.

7.2 Davantage de Canadiens de 35 à 54 ans appartiennent à des clubs sportifs

Autre tendance notable : l'adhésion concentrée de groupes d'âge particuliers aux clubs sportifs et ligues communautaires. Ainsi, les Canadiens actifs entre 35 et 54 ans représentaient en 1992 près de 40 % de la composition des clubs locaux ou ligues communautaires. En 1998, le taux d'adhésion à ces organisations s'était accru pour tous les groupes d'âge, en particulier le groupe des 35 à 54 ans, avec une hausse de 30 points de pourcentage (d'environ 40 % à 70 %) entre 1992 et 1998. Quant aux groupes des 25 à 34 ans et des 55 ans et plus, ils ont connu des hausses d'adhésion respectives de 23 et 21 points de pourcentage.

7.3 L'adhésion à des clubs ou ligues s'accroît en fonction de la scolarité et du revenu

La probabilité d'appartenir à un club sportif ou à une ligue communautaire s'accroît avec le niveau de scolarité. Cette tendance se vérifiait en 1992 tout comme en 1998. En 1992, la proportion de Canadiens actifs inscrits à des clubs sportifs était de 29 % chez les gens ayant réalisé des études partielles au niveau secondaire ou moins, et de 42 % chez ceux qui détenaient un diplôme universitaire. En 1998, la proportion de personnes actives dans chaque catégorie de scolarité qui appartenaient à des clubs sportifs avait augmenté en moyenne de 20 points de pourcentage. La hausse la plus marquée est survenue chez les personnes ayant effectué des études partielles au collège communautaire ou à l'école de métiers/école technique ou détenant un certificat d'études secondaires, soit 26 points de pourcentage entre 1992 et 1998.

Un schéma similaire s'observe du côté de l'adhésion à des clubs et du revenu du ménage : plus le revenu est élevé, plus le taux d'adhésion l'est également.

7.4 Les anglophones les plus susceptibles d'appartenir à des clubs sportifs ou ligues communautaires

En 1992, on constatait peu de différence entre la proportion d'anglophones (35 %), de francophones (34 %) et d'allophones (autres que les deux premières catégories) (31 %) actifs et la probabilité qu'ils appartiennent à un club sportif ou à une ligue communautaire. Les Canadiens s'exprimant dans plusieurs langues étaient ceux chez qui le taux d'adhésion était le plus élevé, soit presque 50 %.

En 1998, nous obtenons un tableau tout à fait différent. La proportion d'anglophones actifs appartenant à des clubs ou à des ligues est montée en flèche, passant de plus d'un tiers (35 %) en 1992 à près des deux tiers (61 %) en 1998 – ce qui en fait le groupe linguistique dont le taux d'adhésion est le plus fort. Les francophones actifs et les personnes plurilingues actives viennent au second rang avec une proportion de 50 %. Enfin, les allophones actifs (ne parlant ni le français, ni l'anglais) sont ceux chez qui on enregistre le taux d'adhésion le plus faible – 45 %, ce qui est quand même assez élevé – dans les clubs et ligues communautaires.

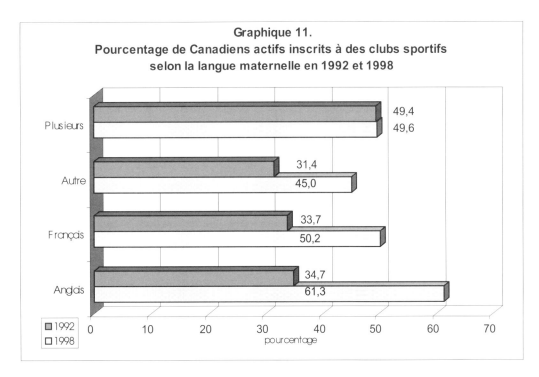

Graphique 11.
Pourcentage de Canadiens actifs inscrits à des clubs sportifs selon la langue maternelle en 1992 et 1998

Source : Statistique Canada, Enquête sociale générale, 1992 et 1998

7.5 Adhésion à des clubs ou ligues locales selon les sports sélectionnés

Le tableau 7 indique, selon les sports sélectionnés et le sexe, le taux de Canadiens appartenant à des clubs sportifs ou ligues communautaires. Le premier ensemble de données indique la proportion, pour chaque sport, de tous les adultes canadiens inscrits dans des clubs au cours de 12 derniers mois. Le second ensemble de données illustre, selon les sports sélectionnés, la proportion de femmes et d'hommes actifs qui appartiennent à des clubs ou à des ligues. Plus de la moitié (54 %) des Canadiens adeptes du curling font partie d'un club ou d'une ligue. De même, la moitié des adultes qui jouent aux quilles appartenaient à un club ou à une ligue, le hockey se classant au troisième rang avec 43 %. Le sport qui illustre le taux d'adhésion le plus faible est le basket-ball avec 24 %.

Tableau 7.

Canadiens âgés de 15 ans et plus inscrits à un club sportif ou à une ligue communautaire selon le sport* et selon le sexe en 1998

	Nombre appartenant à des clubs			Taux d'adhésion à des clubs			Taux de participation active à des clubs		
	Total	Hommes	Femmes	Total	Hommes	Femmes	Total de gens actifs	Hommes actifs	Femme actives
	x 10³	x 10³	x 10³	%	%	%	%	%	%
Population de 15 ans et plus	24 260	11 937	12 323						
Total	4 599	2 338	2 261	19,0	19,6	18,3	55,3	45,5	71,3
Hockey (sur glace)	641	x	x	2,6	5,1	0,3	42,8	42,4	49,2
Golf	734	511	223	3,0	4,3	1,8	40,7	38,6	46,8
Base-ball	542	373	169	2,2	3,1	1,4	40,5	39,1	43,8
Volley-ball	262	133	129	1,1	1,1	1,0	35,2	33,8	36,9
Soccer	294	215	80	1,2	1,8	0,6	39,8	39,1	42,3
Basket-ball	188	136	52	0,8	1,1	0,4	23,9	24,7	21,9
Tennis	266	174	92	1,1	1,5	0,7	40,4	40,1	41,1
Football	128	x	x	0,5	1,0	0,1	33,1	34,0	25,0
Natation	362	139	224	1,5	1,2	1,8	32,3	32,2	32,6
Curling	167	83	84	0,7	0,7	0,7	53,5	46,4	63,2
Ski alpin	257	125	132	1,1	1,0	1,1	39,1	36,5	41,9
Cyclisme	207	129	78	0,9	1,1	0,6	34,0	36,0	31,2
Badminton	167	90	77	0,7	0,8	0,6	41,4	45,2	37,7
Haltérophilie	181	137	44	0,7	1,1	0,4	41,6	46,6	31,4
Dix-quilles	139	63	77	0,6	0,5	0,6	49,3	47,7	51,3
Softball	87	40	47	0,4	0,3	0,4	41,4	33,9	51,1
Ski de fond	192	89	103	8	7	8	375	428	339

* Les répondants peuvent indiquer qu'ils participent à plus d'un sport.

Les estimations inférieures à 35 000 répondants ne sont pas fiables et ont été supprimées.

Les estimations sont arrondies au millier le plus près. Les totaux peuvent ne pas coïncider en raison de ces arrondissements.

Source : Statistique Canada, Enquête sociale générale, 1998

Tableau 8.

Profil des Canadiens âgés de 15 ans et plus inscrits à un club sportif[A] en 1998

	Total			Hommes			Femmes		
	x 10³	% PT	% PT active	x 10³	% PH	% PH active	x 10³	% PF	% PF active
Total	4 599	19,0	55,4	2 338	19,6	45,5	2 261	18,4	71,4
Groupe d'âge									
15-18	494	30,1	44,1	288	33,5	41,9	206	26,3	47,6
19-24	484	20,0	39,2	249	20,6	32,7	235	19,5	49,5
25-34	963	20,9	54,1	445	19,2	39,7	518	22,6	78,5
35-54	2 012	21,5	68,5	1 004	21,4	54,2	1 008	21,6	92,9
55+	647	10,4	52,4	352	12,3	49,0	294	8,7	57,0
Niveau de scolarité									
Études partielles : niveau secondaire	844	13,4	47,1	473	15,3	42,4	371	11,6	54,7
Études partielles : collège									
certificat d'études secondaires	1 199	19,8	58,5	570	20,0	45,2	628	19,6	79,9
Certificat d'études/études universitaire	1 438	23,2	57,0	664	22,5	43,4	774	23,9	77,9
Diplôme universitaire	1 105	27,0	58,1	623	27,3	51,5	481	26,5	69,7
Revenu du ménage									
Moins de 20 000 $	218	9,4	37,5	65	7,0	23,5	152	11,1	50,3
20 000 $ à 29 999 $	201	11,0	41,9	98	11,8	35,9	102	10,3	49,8
30 000 $ à 49 999 $	841	19,7	57,4	392	19,3	46,1	449	20,1	72,9
50 000 $ à 79 999 $	1 168	26,4	63,7	592	24,5	47,0	576	28,7	100,6
80 000 $ et plus	1 010	31,9	63,0	610	30,8	53,7	400	33,7	85,8
Province de résidence									
Terre-Neuve	84	18,8	70,6	41	18,7	53,1	43	18,8	106,5
Île-du-Prince-Édouard	29	27,0	106,9	15	29,3	89,7	14	24,7	151,2
Nouvelle-Écosse	201	26,4	81,1	109	29,4	67,4	92	23,5	105,6
Nouveau-Brunswick	137	22,4	70,7	64	21,4	55,9	73	23,4	93,5
Québec	1 088	18,1	47,6	521	17,7	39,2	568	18,5	59,2
Ontario	1 718	18,7	58,8	896	19,9	48,1	822	17,6	77,5
Manitoba	142	15,9	53,7	65	14,8	40,1	77	17,0	75,6
Saskatchewan	139	17,6	52,0	74	19,0	41,7	65	16,3	72,1
Alberta	511	22,6	61,3	276	24,4	51,9	235	20,8	78,1
Colombie-Britannique	550	17,2	48,0	276	17,5	39,2	274	16,9	62,0
Participation au marché du travail									
Temps plein	2 631	23,1	57,9	1 573	22,8	48,4	1 057	23,6	81,7
Temps partiel	387	24,0	71,9	88	24,1	50,5	300	24,0	82,3
Étudiant avec/sans emploi	626	26,4	41,3	333	27,7	36,3	293	25,1	48,9
N'est pas sur le marché du	864	12,8	55,3	303	12,3	41,3	561	13,1	67,6
Langue maternelle									
Anglais seulement	2 663	23,4	61,3	1 352	23,8	48,9	1 311	23,0	83,0
Français seulement	796	18,4	50,2	363	18,0	39,9	434	18,8	64,0
Autre langue seulement	279	11,8	45,0	165	13,6	40,2	114	9,9	54,5
Plusieurs langues	852	20,5	49,6	449	21,8	43,7	403	19,2	58,5

* Club sportif s'entend des clubs sportifs, ligues communautaires ou autres organisations sportives locales ou régionales de sport amateur. Le taux de participation est calculé en tenant compte de la population canadienne totale de 15 ans et plus pour chaque catégorie désignée.

Nota : Certains pourcentages sont supérieurs à 100 %. Il est probable que les répondants appartiennent encore à un club sportif ou à une ligue communautaire, mais qu'ils ne sont plus actifs.

% PT = poucentage du population totale   % PH = pourcentage du population d'hommes

% PF = pourcentage du population des femmes

Source : Statistique Canada, Enquête sociale générale, 1998

8.0 Compétitions et / ou tournois

8.1 Les Canadiens participent en moins grand nombre aux compétitions

À peine plus du tiers (36 %) des Canadiens actifs ont pris part à des compétitions ou à des tournois en 1998, ce qui se compare à la proportion enregistrée en 1992 (33 %).

Des 8,3 millions de Canadiens qui s'adonnaient au sport en 1998, environ 3 millions, soit 12 % des adultes canadiens, ont participé à des compétitions ou tournois, ce qui représente une baisse de 2,5 points de pourcentage par rapport au 15 % enregistré en 1992. Si nous jetons un coup d'œil aux Canadiens qui font régulièrement du sport, nous constatons qu'un peu plus du tiers (36 %) étaient inscrits à des compétitions ou tournois en 1998, comparativement à 33 % en 1992.

8.2 Plus d'hommes que de femmes participent aux compétitions ou tournois

Un écart existe entre les hommes et les femmes lorsqu'il s'agit de la participation à des manifestations sportives. Plus de deux tiers des 3 millions de Canadiens ayant participé à des compétitions étaient des hommes.

On remarque un écart entre les sexes lorsqu'il s'agit de la participation à des épreuves sportives. Sur les 3 millions de Canadiens participant à des compétitions, plus des deux tiers étaient des hommes. Puisqu'une proportion plus élevée d'hommes tendent à participer aux sports en premier lieu, il faut donc effectuer un contrôle de la population active selon le sexe pour en tirer des données comparables. Si on tient seulement compte des Canadiens actifs, les données indiquent que 40 % des hommes actifs ont participé à des compétitions ou tournois comparativement à 29 % des femmes actives, soit une différence de 11 points de pourcentage.

Autre observation notable : l'augmentation du taux de femmes actives qui se sont inscrites à des compétitions ou tournois entre 1992 et 1998. De façon plus précise, cette proportion est passée de 24 % à 29 % six ans plus tard, soit une augmentation de 5 points de pourcentage. Du côté des hommes actifs, on a constaté peu de changements dans les données pour la même période.

8.3 Les jeunes Canadiens s'inscrivent à des compétitions

Les jeunes Canadiens actifs âgés entre 15 et 18 ans représentent le groupe d'âge dont la participation à des compétitions a été la plus forte.

Les jeunes Canadiens âgés entre 15 et 18 ans participent à des compétitions en plus grande proportion que n'importe quel autre groupe. En 1998, six jeunes adultes actifs sur dix dans ce groupe d'âge s'étaient inscrits à des compétitions. La proportion de Canadiens actifs participant à des compétitions sportives décroît de façon assez abrupte après l'âge de 19 ans, pour atteindre en moyenne 30 %.

Comme on retrouve en général des jeunes gens dans les compétitions, les niveaux de scolarité témoignent de leur âge, c'est-à-dire que la plus grande proportion de compétiteurs sont encore aux études, soit au secondaire, au collège, à l'école de métier ou à l'école technique. La situation des compétiteurs par rapport au marché du travail reflète également leur jeune âge. Dans un tel contexte, le gros des compétiteurs sont des étudiants, avec ou sans emploi.

Les Canadiens anglophones participent généralement davantage à des tournois (43 %) que les gens des autres groupes linguistiques.

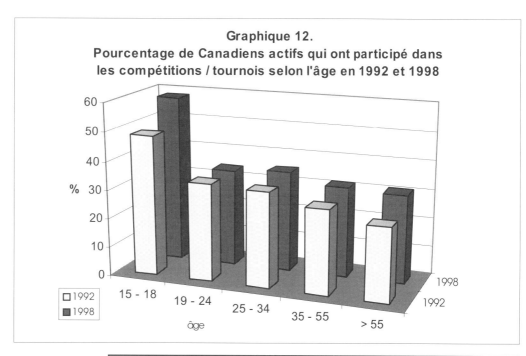

Graphique 12.
Pourcentage de Canadiens actifs qui ont participé dans les compétitions / tournois selon l'âge en 1992 et 1998

	15 - 18	19 - 24	25 - 34	35 - 54	55 +
1998	581	337	349	314	308
1992	487	338	330	294	255

Source : Statistique Canada, Enquête sociale générale, 1992 et 1998

8.4 Compétitions et tournois selon les sports sélectionnés

Le tableau 9 illustre, selon les sports sélectionnés et le sexe, deux ensembles de taux de participation en ce qui regarde les Canadiens inscrits à des compétitions ou tournois. Le premier ensemble de taux indique la proportion de <u>tous</u> les adultes canadiens ayant concouru dans un sport particulier au cours des 12 mois précédents. À titre d'exemple, près de 7 % des hommes adultes ont pris part à des compétitions de hockey en 1998. Le second ensemble de taux illustre, selon les sports sélectionnés, la proportion de femmes et d'hommes <u>actifs</u> qui se sont inscrits à des tournois ou compétitions.

Le curling est le sport où s'est déroulé le taux le plus élevé de compétitions ou tournois parmi les adultes canadiens adeptes de ce sport. De façon plus précise, près de sept adultes sur dix qui font du curling ont également participé à des compétitions. Le softball vient au second rang avec près de six personnes sur dix (58 %), suivi par le hockey (55 %), le football (55 %) et le volley-ball (54 %). Les sports démontrant le taux de compétition le plus faible parmi les participants est la natation, où moins de deux personnes sur dix (18 %) se sont livrées à des compétitions, de même que le ski de fond (21 %).

Tableau 9.

Canadiens âgés de 15 ans et plus qui ont participé à des compétitions ou tournois selon le sport et selon le sexe en 1998

	Nombre de participants à des tournois			Taux de participation à des tournois			Taux de participation à des tournois par des gens actifs		
	Total	Hommes	Femmes	Total	Hommes	Femmes	Total des gens actifs	Hommes actives	Femmes actives
Population	$x\,10^3$	$x\,10^3$	$x\,10^3$	%	%	%	%	%	%
de 15 ans et plus	24 260	11 937	12 323						
	2 992	2 076	916	123	174	74	360	404	289
Hockey (sur glace)	830	785	44	34	66	4	553	547	677
Golf	822	625	198	34	52	16	456	472	416
Base-ball	693	512	182	29	43	15	518	537	472
Volley-ball	399	212	187	16	18	15	537	538	534
Soccer	391	293	97	16	25	8	528	533	513
Basket-ball	350	242	108	14	20	9	445	440	456
Tennis	226	166	60	9	14	5	343	382	268
Football	212	181	31	0.9	15	3	549	522	775
Natation	207	124	83	9	10	7	184	287	121
Curling	205	123	82	8	10	7	656	687	617
Ski alpin	196	133	64	8	11	5	299	389	203
Cyclisme	147	109	39	6	9	3	242	304	156
Badminton	144	83	61	6	7	5	357	417	299
Haltérophilie	129	x	x	5	x	x	296	x	x
Dix-quilles	124	66	57	5	6	5	439	500	380
Softball	122	70	51	5	6	4	579	593	554
Ski de fond	106	62	44	4	5	4	208	298	145

* Les répondants peuvent indiquer qu'ils participent à plus d'un sport.

Les estimations sont arrondies au millier le plus près.

Les totaux peuvent ne pas coïncider en raison de ces arrondissements.

Source : Statistique Canada, Enquête sociale générale, 1998

Tableau 10.

**Profil des Canadiens âgés de 15 ans et plus qui ont pris part
à des compétitions ou tournois en 1998**

	Total			Hommes			Femmes		
	x 10³	% PT	% PT active	x 10³	% PH	% PH active	x 10³	% PF	% PF active
Total	2 992	123	360	2 076	174	404	916	74	289
Groupe d'âge									
15-18	652	396	581	433	503	629	219	279	506
19-24	417	173	337	292	242	384	125	104	264
25-34	622	135	349	445	192	397	177	77	268
35-54	922	99	314	665	142	359	257	55	237
55 et plus	380	61	308	242	85	337	137	41	266
Niveau de scolarité									
Études partielles : niveau secondaire	797	127	444	529	171	474	268	84	395
Études partielles : collège/certificat d'études secondaires	787	130	384	597	210	473	190	59	242
Certificat d'études/études universitaire	860	139	341	551	186	360	309	95	311
Diplôme universitaire	540	132	284	391	172	323	149	82	215
Revenu du ménage									
Moins de 20 000 $	159	69	274	73	78	261	87	63	286
20 000 $ à 29 999 $	141	77	294	87	105	318	53	54	260
30 000 $ à 49 999 $	473	111	323	325	160	382	148	66	240
50 000 $ à 79 999 $	682	154	372	485	201	385	196	98	343
80 000 $ ou plus	629	199	393	513	259	451	116	98	249
Province de résidence									
Terre-Neuve	51	115	432	37	166	471	15	65	367
Île-du-Prince-Édouard	15	145	573	x	x	x	x	x	x
Nouvelle-Écosse	119	157	482	86	232	532	33	85	383
Nouveau-Brunswick	83	135	426	48	159	417	35	111	444
Québec	565	94	247	371	126	279	194	63	202
Ontario	1 128	123	386	847	188	455	281	60	265
Manitoba	102	115	386	69	156	421	34	74	329
Saskatchewan	131	167	491	94	242	532	37	93	411
Alberta	369	163	443	242	214	456	127	112	422
Colombie-Britannique	427	133	372	270	171	383	157	97	355
Participation au marché du travail									
Temps plein	1 634	143	360	1 268	184	390	366	82	283
Temps partiel	143	89	266	63	173	363	80	64	220
Étudiant avec/sans emploi	738	31,2	487	491	408	535	247	212	413
N'est pas sur le marché du travail	411	61	263	215	88	294	196	46	236
Langue maternelle									
Anglais seulement	1 855	163	427	1 302	230	471	554	97	351
Français seulement	378	87	238	240	119	264	138	60	204
Autre langue seulement	173	73	279	x	x	x	x	x	x
Plusieurs langues	582	140	339	384	186	373	198	94	287

Les estimations sont arrondies au millier le plus près.

Les totaux peuvent ne pas coïncider en raison de ces arrondissements.

% PT = poucentage du population totale   % PH = pourcentage du population d'hommes
% PF = pourcentage du population des femmes

Nota :   Seules les réponses invoquées par une population estimative d'au moins 35 000 personnes
            apparaissent dans le tableau.

Source : Statistique Canada, Enquête sociale générale, 1998

9.0 Participation au sport amateur à titre d'entraîneurs

9.1 Un nombre accru de Canadiens comme entraîneurs, arbitres ou spectateurs

La participation au sport amateur vise non seulement la participation active d'une personne dans un sport donné, mais également son rôle indirect à titre d'entraîneur, d'arbitre, juge, d'administrateur/aide ou de spectateur. Bien que les données indiquent que les adultes canadiens sont moins nombreux à s'engager activement dans le sport, une proportion accrue d'entre eux y participent indirectement en tant qu'entraîneurs, arbitres ou spectateurs. Un virage semble s'amorcer selon lequel la participation directe au sport amateur cède le pas à la participation indirecte. Compte tenu qu'une vaste proportion de la population (« baby-boomers ») se trouve à cette étape de la vie où il faut élever les enfants, on peut supposer qu'un plus grand nombre d'adultes s'intéressent à la pratique du sport amateur par leurs rejetons. Ce changement de cap peut témoigner de plusieurs facteurs, notamment la réduction du temps libre pour s'adonner au sport, les responsabilités parentales accrues et les pressions économiques.

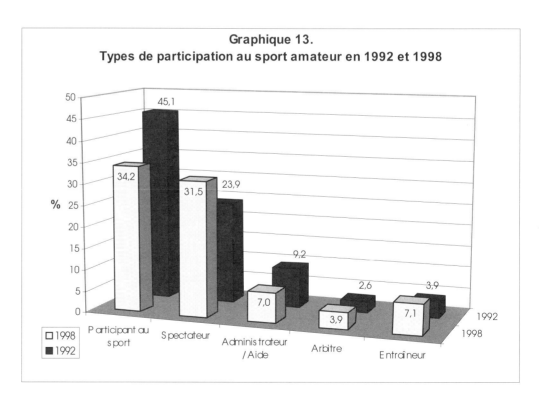

Graphique 13.
Types de participation au sport amateur en 1992 et 1998

Source : Statistique Canada, Enquête sociale générale, 1992 et 1998

9.2 Le nombre d'entraîneurs dans le sport amateur a doublé

Le nombre de Canadiens agissant comme entraîneurs dans le sport amateur a doublé entre 1992 et 1998.

L'infrastructure sportive au Canada repose en grande partie sur l'intervention de milliers de bénévoles. Un nombre incalculable d'hommes et de femmes de tous âges consacrent du temps et de l'énergie au soutien de l'organisation du sport amateur, à des fonctions d'entraîneur et à la promotion du sport amateur dans leurs collectivités. Le nombre de Canadiens devenus entraîneurs dans le sport amateur a doublé en six ans, passant d'environ 840 000 (4 %) en 1992 à 1,7 million (7 %) en 1998. Cette augmentation se retrouve dans tous les groupes d'âge (exception faite de celui des 55 ans et plus).

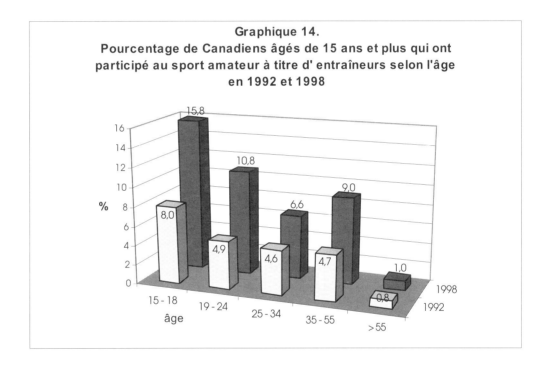

Source : Statistique Canada, Enquête sociale générale, 1992 et 1998

9.3 Augmentation du nombre de femmes à des fonctions d'entraîneur

Le nombre de femmes s'intéressant aux fonctions d'entraîneur, a plus que triplé entre 1992 et 1998.

Les entraîneurs masculins tendent à dépasser en nombre les entraîneurs féminins, sans que la chose n'atteigne toutefois les proportions qu'on pourrait croire puisque les hommes composent 56 % du tableau, et les femmes, 44 %. Davantage de femmes démontrent leur appui au sport amateur en y prenant part, quoique de façon indirecte, comme entraîneures, arbitres ou spectatrices. Les données révèlent un véritable bond au cours des six dernières années dans le nombre de femmes intéressées par les fonctions d'entraîneur. Ainsi, environ 200 000 femmes (2 %) avaient déclaré en 1992 assumer un tel rôle; en 1998, leur nombre avait triplé pour atteindre 766 000 (6 %).

9.4 De jeunes adultes entraîneurs dans le sport amateur

On n'hésiterait pas à dire que les parents forment la catégorie de gens les plus présents aux postes d'entraîneur. De fait, c'est exactement le tableau que composent les données, lesquelles nous révèlent que la moitié des entraîneurs se situent dans la tranche des 35 à 54 ans, une période de la vie où il est probable que vous soyez entraîneur de l'équipe de soccer ou de base-ball de votre fils ou de votre fille.

Les jeunes adultes âgés entre 15 et 18 ans ont assumé des fonctions d'entraîneur dans le sport amateur dans une proportion plus importante que tous les autres groupes d'âge - plus que deux fois le taux à l'échelle nationale.

Toutefois, les données réparties selon l'âge dépeignent une toute autre situation (voir le graphique 14). Relativement parlant, les jeunes adultes âgés entre 15 et 18 ans ont assumé des fonctions d'entraîneur à l'échelon du sport amateur dans une proportion plus importante que tous les autres groupes d'âge. En 1998, 16 % des jeunes adultes de 15 à 18 ans ont révélé avoir été entraîneurs, ce qui représente le double du taux à l'échelle nationale (7 %). La proportion d'entraîneurs dans les autres groupes d'âge est la suivante : 11 % chez les 19 à 24 ans, 7 % chez les 25 à 34 ans, 9 % chez les 35 à 54 ans et seulement 1 % du groupe des 55 ans et plus.

9.5 Davantage d'entraîneurs chez ceux dont la scolarité et le revenu sont élevés

Selon toute vraisemblance, plus la scolarité et le revenu d'une personne sont élevés, plus il y a de chances que celle-ci soit entraîneur dans le sport amateur. Ce schéma, vérifiable en 1992, l'est également en 1998, alors qu'ont été établies les statistiques suivantes : 5 % des entraîneurs ont réalisé des études partielles de niveau secondaire ou moins, et 10 % détenaient un diplôme universitaire. Un tableau similaire se dégage lorsqu'on examine la fonction d'entraîneur et le revenu du ménage. Moins de 2 % des répondants ayant des revenus de moins de 20 000 $ ont été entraîneurs en 1998. Cette proportion d'entraîneurs fait plus que tripler (7 %) chez ceux dont les revenus se situent entre 30 000 $ et 49 000 $, et augmente davantage (11 %) chez ceux dont le salaire est de 50 000 $ ou plus.

En 1998, la proportion de Canadiens ayant assumé un rôle d'entraîneur dans le sport amateur atteignait un maximum de 11 % au Manitoba et un minimum de 6 % au Québec. Les données démontrent que le nombre de Canadiens entraîneurs s'est accru dans chaque province entre 1992 et 1998, particulièrement dans l'Île-du-Prince-Édouard et au Manitoba.

La proportion d'entraîneurs anglophones (9 %) et plurilingues (9 %) dépassait celle des francophones (5 %) et des allophones (4 %) en 1998.

Plus les enfants grandissent, plus les chances sont grandes de trouver un entraîneur dans la famille, une tendance qui se maintient jusqu'à ce que les enfants atteignent 19 ans. Par la suite, le taux de participation décroît à ce chapitre. C'est dans les foyers où les enfants sont soit très jeunes, à savoir moins de cinq ans (4 %), soit plus âgés que 19 ans (5 %), qu'on trouve le moins de Canadiens entraîneurs. Par opposition, le taux le plus élevé est obtenu dans les foyers où les enfants ont entre 5 et 12 ans (14 %), ou 13 ans et plus (11 %).

Tableau 11.
Profil des Canadiens âgés de 15 ans et plus qui ont participé au sport amateur à titre d'entraîneurs en 1998

	Population	Total $x\,10^3$	%	Hommes $x\,10^3$	%	Femmes $x\,10^3$	%
Total	24 260	1 729	71	962	81	766	62
Groupe d'âge							
15-18	1 644	259	158	162	189	97	124
19-24	2 415	261	108	142	118	119	98
25-34	4 615	306	66	176	76	130	57
35-54	9 353	838	90	443	95	395	85
55 and over	6 233	64	10	x	x	x	x
Niveau de scolarité							
Études partielles : niveau secondaire ou moins	6 286	320	51	208	67	111	35
Études partielles : collège/certificat d'études	6 057	466	77	264	93	202	63
Certificat d'études/études partielles à l'université	6 201	543	88	254	86	289	89
Diplôme universitaire	4 094	390	95	227	99	164	90
Revenu du ménage							
Moins de 20 000 $	2 305	43	19	x	x	x	x
20 000 $ à 29 999 $	1 828	63	34	x	x	x	x
30 000 $ à 49 999 $	4 262	286	67	161	80	124	56
50 000 $ à 79 999 $	4 418	499	113	251	104	248	124
80 000 $ ou plus	3 168	388	123	258	130	130	110
Province de résidence							
Terre-Neuve	447	30	67	20	90	10	44
Île-du-Prince-Édouard	107	8	75	6	115	2	36
Nouvelle-Écosse	761	65	86	35	93	31	79
Nouveau-Brunswick	613	51	83	30	100	21	67
Québec	6 006	334	56	154	52	179	59
Ontario	9 184	676	74	413	92	263	56
Manitoba	893	94	105	54	123	40	89
Saskatchewan	787	63	80	40	103	23	58
Alberta	2 261	173	76	84	75	88	78
Colombie-Britannique	3 201	235	73	125	79	110	68
Participation au marché du travail							
Temps plein	11 388	1 029	90	624	90	405	90
Temps partiel	1 615	129	80	42	116	87	69
Étudiant avec/sans emploi	2 368	370	156	224	187	145	125
N'est pas sur le marché du travail	6 742	163	24	52	21	111	26
Langue maternelle							
Anglais seulement	11 360	1 061	93	587	103	475	84
Français seulement	4 321	211	49	100	50	111	48
Autre langue seulement	2 358	89	38	x	x	x	x
Plusieurs langues	4 161	358	86	208	101	150	72

% Les taux de participation ont été établis en tenant compte de la population canadienne totale de 15 ans et plus pour chaque catégorie désignée.

Nota : Seules les réponses invoquées par une population estimative d'au moins 35 000 personnes apparaissent dans le tableau.

Les estimations sont arrondies au millier le plus près. Les totaux peuvent ne pas coïncider en raison de ces arrondissements.

Source : Statistique Canada, Enquête sociale générale, 1998

10.0 Participation au sport amateur à titre d'arbitres, d'officiels, ou de juges

Le nombre d'adultes canadiens participant au sport amateur en tant qu'arbitres, officiels ou juges a connu une hausse, de 550 000 personnes en 1992 à près de 940 000 en 1998.

Le nombre d'arbitres, d'officiels et de juges masculins dépassait celui des femmes dans une proportion de 5 à 1 en 1992. Mais en 1998, cet écart s'est quelque peu rétréci, le ratio n'étant plus que de 2 à 1.

Le nombre d'adultes canadiens participant au sport amateur à titre d'arbitres, d'officiels ou de juges s'est accru pour passer d'un nombre approximatif de 550 000 en 1992 à près de 940 000 en 1998. Si on tient compte de l'augmentation de la population, les résultats sont les suivants : un taux de participation adulte de près de 3 % en 1992 et de 4 % en 1998.

En 1992, cinq fois plus d'hommes que de femmes ont assumé des fonctions d'arbitre d'officiel ou de juges. En 1998, ce fossé s'était rétréci jusqu'à un ratio de moins de deux hommes arbitres pour une femme arbitre. Un nombre de plus en plus grand de femmes démontrent leur soutien au sport amateur en s'y engageant comme entraîneures ou arbitres.

Tout comme dans le cas des entraîneurs, la plupart des arbitres, officiels ou juges étaient âgés de 15 à 18 ans (12 %), ce groupe étant suivi de celui des 19 à 24 ans (6 %). Moins de 3 % des personnes de 25 ans et plus ont été arbitres ou juges en 1998.

La participation à titre d'arbitre d'officiels ou de juges tend à s'accroître en fonction des niveaux de scolarité et de revenu du ménage. Les données indiquent également que la proportion d'arbitres ou d'officiels anglophones ou s'exprimant dans plusieurs langues dépasse celle des autres profils linguistiques.

Tableau 12.
Profil des Canadiens âgés de 15 ans et plus qui ont participé au sport amateur à titre d'arbitres, d'officiels ou de juges en 1998

	population	Total x 10^3	%	Hommes x 10^3	%	Femmes x 10^3	%
Total	24 260	937	39	537	45	399	32
Groupe d'âge							
15-18	1 644	194	118	152	177	42	54
19-24	2 415	142	59	80	66	62	51
25-34	4 615	143	31	95	41	48	21
35-54	9 353	412	44	184	39	229	49
55 et plus	6 233	45	7	x	x	x	x
Niveau de scolarité							
Études partielles : niveau secondaire ou moins	6 286	187	30	136	44	51	16
Études partielles : collège/certificat d'études	6 057	285	47	151	53	133	42
Certificat d'études/études partielles à l'université	6 201	302	49	144	49	158	49
Diplôme universitaire	4 094	150	37	92	40	57	32
Revenu du ménage							
Moins de 20 000 $	2 305	37	16	x	x	x	x
20 000 $ à 29 999 $	1 828	x	x	x	x	x	x
30 000 $ à 49 999 $	4 262	173	41	106	52	67	30
50 000 $ à 79 999 $	4 418	242	55	144	60	98	49
80 000 $ ou plus	3 168	202	64	116	58	86	73
Province de résidence							
Terre-Neuve	447	27	61	17	77	10	46
Île-du-Prince-Édouard	107	8	72	x	x	x	x
Nouvelle-Écosse	761	43	57	27	74	16	41
Nouveau-Brunswick	613	25	41	x	x	x	x
Québec	6 006	142	24	84	28	58	19
Ontario	9 184	335	37	196	44	139	30
Manitoba	893	46	51	27	62	19	42
Saskatchewan	787	57	72	31	81	25	64
Alberta	2 261	129	57	74	66	54	48
Colombie-Britannique	3 201	124	39	58	37	66	41
Participation au marché du travail							
Temps plein	11 388	524	46	316	46	208	46
Temps partiel	1 615	82	51	x	x	x	x
Étudiant avec/sans emploi	2 368	217	92	157	131	60	51
N'est pas sur le marché du travail	6 742	102	15	43	18	59	14
Langue maternelle							
Anglais seulement	11 360	612	54	344	61	267	47
Français seulement	4 321	126	29	73	36	53	23
Autre langue seulement	2 358	x	x	x	x	x	x
Plusieurs langues	4 161	169	41	97	47	72	34

% Les taux de participation ont été établis en tenant compte de la population canadienne totale de 15 ans et plus pour chaque catégorie désignée.

Nota : Seules les réponses invoquées par une population estimative d'au moins 35 000 personnes apparaissent dans le tableau.

Les estimations sont arrondies au millier le plus près. Les totaux peuvent ne pas coïncider en raison de ces arrondissements.

Source : Statistique Canada, Enquête sociale générale, 1998

11.0 Participation au sport amateur à titre d'administrateurs ou d'aides

En tout, 1,7 million d'adultes canadiens (7 %) ont participé au sport amateur en tant qu'administrateurs ou aides en 1998, soit une diminution au chiffre de 2 millions (9 %) par rapport en 1992.

Les hommes et les femmes ont rempli en proportion égale des fonctions d'administrateur ou d'aide en 1998, alors qu'en 1992 deux fois plus d'hommes que de femmes assumaient de telles fonctions dans le sport.

Environ 1,7 million d'adultes canadiens (7 % de la population) ont pris part au sport amateur dans des fonctions d'administrateurs ou d'aides en 1998, soit une baisse de près de 2 millions (9 %) par rapport à 1992. Les membres des deux sexes s'y sont fait valoir dans une proportion égale en 1998, contrairement à ce qui s'était produit six ans auparavant, alors que deux fois plus d'hommes remplissaient ces fonctions.

Comme dans le cas de l'entraînement et de l'arbitrage, la plupart des Canadiens engagés dans l'administration du sport amateur se situaient dans la tranche des 15 à 18 ans (13 %), suivie du groupe des 35 à 54 ans (10 %). Par ailleurs, il était plus probable de voir les personnes de scolarité et de revenu supérieurs (particulièrement celles qui gagnent 50 000 $ ou plus) consacrer du temps comme administrateurs ou aides dans le sport amateur.

À l'échelon provincial, les taux de participation les plus marqués ont été observés dans les provinces de l'Atlantique (allant d'une proportion de 11 % au Nouveau-Brunswick à 15 % dans l'Î.-P.-É.) et en Saskatchewan (13 %). Le Québec ferme la marche avec un taux de seulement 4 %.

Au chapitre de la langue maternelle, les anglophones (10 %) ont assumé des fonctions d'administrateurs dans une proportion nettement supérieure à celle des autres profils linguistiques. Les taux les plus bas ont été enregistrés chez les allophones (3 %) et les francophones (5 %).

Tableau 13.

Profil des Canadiens âgés de 15 ans et plus qui ont participé au sport amateur à titre d'administrateurs ou d'aides en 1998

	Population	Total x 10³	%	Hommes x 10³	%	Femmes x 10³	%
Total	24 260	1 706	70	842	71	864	70
Groupe d'âge							
15-18	1 644	214	130	118	138	96	122
19-24	2 415	130	54	53	44	77	64
25-34	4 615	291	63	139	60	152	66
35-54	9 353	929	99	434	93	495	106
55 et plus	6 233	141	23	97	34	44	13
Niveau de scolarité							
Études partielles : niveau secondaire ou moins	6 286	311	49	177	57	134	42
Études partielles : collège/certificat d'études	6 057	496	82	245	86	251	78
Certificat d'études/études partielles à l'université	6 201	487	79	175	59	312	96
Diplôme universitaire	4 094	397	97	236	104	160	88
Revenu du ménage							
Moins de 20 000 $	2 305	55	24	x	x	x	x
20 000 $ à 29 999 $	1 828	75	41	x	x	x	x
30 000 $ à 49 999 $	4 262	305	71	145	71	160	72
50 000 $ à 79 999 $	4 418	498	113	230	95	268	134
80 000 $ ou plus	3 168	363	115	214	108	149	125
Province de résidence							
Terre-Neuve	447	57	127	31	141	26	113
Île-du-Prince-Édouard	107	16	148	9	176	7	122
Nouvelle-Écosse	761	107	141	61	165	46	118
Nouveau-Brunswick	613	67	110	29	97	38	123
Québec	6 006	248	41	112	38	136	44
Ontario	9 184	555	60	294	65	261	56
Manitoba	893	79	89	41	94	38	83
Saskatchewan	787	101	129	59	151	43	107
Alberta	2 261	218	97	99	87	119	106
Colombie-Britannique	3 201	257	80	106	67	150	93
Participation au marché du travail							
Temps plein	11 388	967	85	549	80	418	93
Temps partiel	1 615	168	104	x	x	x	x
Étudiant avec/sans emploi	2 368	276	116	135	112	141	121
N'est pas sur le marché du travail	6 742	260	39	116	47	144	34
Langue maternelle							
Anglais seulement	11 360	1 142	101	557	98	586	103
Français seulement	4 321	198	46	77	38	121	53
Autre langue seulement	2 358	75	32	x	x	x	x
Plusieurs langues	4 161	291	70	165	80	125	60

% Les taux de participation ont été établis en tenant compte de la population canadienne totale de 15 ans et plus pour chaque catégorie désignée.

Nota : Seules les réponses invoquées par une population estimative d'au moins 35 000 personnes apparaissent dans le tableau.

Les estimations sont arrondies au millier le plus près. Les totaux peuvent ne pas coïncider en raison de ces arrondissements.

Source : Statistique Canada, Enquête sociale générale, 1998

12.0 Davantage de Canadiens regardent les manifestations de sport amateur

Davantage de Canadiens ont regardé les manifestations de sport amateur en 1998 que six ans auparavant. Les hommes et les femmes se sont intéressés au sport amateur en proportion similaire.

Les manifestations de sport amateur ont attiré davantage de spectateurs canadiens en 1998 que six ans auparavant. Les données sont les suivantes : 5 millions de spectateurs adultes (24 %) en 1992 comparativement à 7,6 millions (32 %) en 1998, soit une augmentation de 8 points de pourcentage. Les hommes et les femmes s'y retrouvent en proportion à peu près égale.

La décomposition du nombre de spectateurs selon l'âge offrait peu de variations en 1992. Six ans plus tard, les jeunes adultes de 25 ans et moins semblent se détacher des autres groupes. Ainsi, plus de la moitié des 15 à 18 ans ont déclaré regarder des épreuves de sport amateur, suivis par les 19 à 24 ans dans une proportion de 36 %. La tranche des Canadiens de 55 ans et plus est celle qui éprouve le moins d'intérêt (20 %).

De façon générale, les spectateurs avaient poursuivi des études partielles au collège, à l'école de métiers ou à un échelon supérieur. Les Canadiens moins instruits (études partielles de niveau secondaire ou moins) étaient moins enclins, selon les données, à faire partie du public intéressé à de telles manifestations (28 %).

En ce qui regarde le revenu du ménage, plus il est élevé, plus il y a de spectateurs. Ainsi, le quart des répondants (24 %) avec un revenu inférieur à 20 000 $ avouent regarder le sport amateur comparativement à près de la moitié (46 %) chez ceux qui gagnent 80 000 $ ou plus.

En 1998, les plus avides spectateurs du sport amateur se trouvaient dans les provinces de l'Atlantique (51 % dans l'Île-du-Prince-Édouard, 49 % au Nouveau-Brunswick, 46 % en Nouvelle-Écosse et 42 % à Terre-Neuve). Les résidents des Prairies se classaient au second rang, tandis que ceux du Québec étaient les derniers de la liste (25 %).

L'incidence de la langue maternelle sur le taux des spectateurs est semblable aux tendances observées jusqu'à présent. Ce sont les anglophones qui, encore une fois, occupent le premier rang avec un taux de 40 %, suivi du groupe offrant un profil plurilingue (36 %). La proportion de francophones accuse un écart de 16 points de pourcentage (25 %) par rapport aux anglophones tandis que les allophones se trouvent en fin de peloton (21 %).

Il semble que l'intérêt pour le sport amateur en tant que spectacle témoigne de l'âge des enfants du ménage. Cet intérêt se manifeste d'abord lorsque les enfants sont très jeunes, c'est-à-dire de cinq ans et moins, car près du quart (23 %) des Canadiens ont déclaré regarder le sport amateur quand tous leurs enfants se situent dans cette tranche d'âge. Ce taux culmine à 46 % dans les foyers où les enfants sont dans la tranche des 5 à 12 ans, puis redescend légèrement jusqu'à 40 % lorsque les enfants sont âgés de 13 ans et plus. Le taux de spectateurs chute à 28 % là où le foyer ne compte aucun enfant de moins de 19 ans.

Tableau 14.

Profil des Canadiens âgés de 15 ans et plus qui ont participé au sport amateur
en tant que spectateurs en 1998

	Pop.	Total x 10^3	Total %	Hommes x 10^3	Hommes %	Femmes x 10^3	Femmes %
Total	24 260	7 651	31,5	4 040	33,8	3 611	29,3
Groupe d'âge							
15-18	1 644	905	55,1	517	60,1	388	49,5
19-24	2 415	869	36,0	453	37,5	416	34,4
25-34	4 615	1 449	31,4	731	31,5	718	31,3
35-54	9 353	3 200	34,2	1 657	35,4	1 543	33,1
55 et plus	6 233	1 229	19,7	682	23,8	547	16,2
Niveau de scolarité							
Études partielles : niveau secondaire ou moins	6 286	1 749	27,8	976	31,5	774	24,3
Études partielles : collège/certificat d'études	6 057	2 167	35,8	1 142	40,1	1 025	32,0
Certificat d'études/études partielles à l'université	6 201	2 258	36,4	1 057	35,7	1 201	37,0
Diplôme universitaire	4 094	1 436	35,1	845	37,0	591	32,6
Revenu du ménage							
Moins de 20 000 $	2 305	547	23,7	250	27,0	296	21,5
20 000 $ à 29 999 $	1 828	489	26,7	245	29,4	244	24,5
30 000 $ à 49 999 $	4 262	1 489	34,9	738	36,5	751	33,6
50 000 $ à 79 999 $	4 418	1 804	40,8	1 020	42,3	784	39,1
80 000 $ ou plus	3 168	1 455	45,9	913	46,0	542	45,7
Province de résidence							
Terre-Neuve	447	188	42,0	99	44,8	89	39,2
Île-du-Prince-Édouard	107	55	51,3	29	55,7	26	47,1
Nouvelle-Écosse	761	353	46,3	202	54,6	150	38,5
Nouveau-Brunswick	613	297	48,5	153	50,9	144	46,3
Québec	6 006	1 498	24,9	839	28,5	660	21,5
Ontario	9 184	2 760	30,1	1 454	32,3	1 306	27,9
Manitoba	893	313	35,1	163	37,0	150	33,2
Saskatchewan	787	315	40,0	167	43,0	147	36,9
Alberta	2 261	836	37,0	404	35,7	432	38,3
Colombie-Britannique	3 201	1 037	32,4	530	33,5	508	31,4
Participation au marché du travail							
Temps plein	11 38	4 085	35,9	2 534	36,7	1 551	34,6
Temps partiel	1 615	593	36,7	144	39,5	449	35,9
Étudiant avec/sans emploi	2 368	1 113	47,0	589	49,0	525	45,0
N'est pas sur le marché du travail	6 742	1 705	25,3	710	29,0	995	23,2
Langue maternelle							
Anglais seulement	11 36	4 591	40,4	2 351	41,4	2 240	39,4
Français seulement	4 321	1 073	24,8	557	27,6	515	22,4
Autre langue seulement	2 358	493	20,9	291	24,1	203	17,6
Plusieurs langues	4 161	1 486	35,7	832	40,3	653	31,1

% Les taux de participation ont été établis en tenant compte de la population canadienne totale de 15 ans
et plus pour chaque catégorie désignée.

Les estimations sont arrondies au millier le plus près. Les totaux peuvent ne pas coïncider en raison de ces
arrondissements.

Source : Statistique Canada, Enquête sociale générale, 1998

13.0 Avantages du sport

Comme le dit si bien l'honorable Denis Coderre, le secrétaire d'État au Sport amateur :

> « *Le sport est au cœur même de notre vie de tous les jours. Le sport est une activité dont bénéficient tous les Canadiens et les Canadiennes, une activité dont nos communautés et le pays tout entier tirent profit. Le sport met en évidence et valorise les qualités auxquelles les Canadiens et les Canadiennes attachent une grande importance, comme l'honnêteté, l'esprit d'équipe, la détermination, le dévouement et l'engagement. Nos athlètes sont des travailleurs acharnés qui s'engagent de tout cœur dans ce qu'ils font. Nul doute qu'ils sont d'excellents modèles pour nos enfants. Les bienfaits du sport sont multiples. Le sport favorise la santé et le mieux-être physique, psychologique, émotionnel et spirituel. Le sport permet d'acquérir une force de caractère et de développer sa personnalité. Il inculque la discipline et la persévérance. Le sport est également une excellente façon pour les Canadiens et les Canadiennes de se connaître.* »

Les gens savent aujourd'hui que le sport offre de nombreux avantages pour notre santé en général et nos vies personnelles. Les chercheurs ont depuis longtemps mis en lumière le rôle positif de la pratique d'un sport pour la forme physique, la santé et le bien-être. Mais il y a plus que cela : non seulement le sport contribue-t-il à la forme physique, mais il engendre aussi des répercussions dans bien des domaines et favorise notamment l'acquisition ou le perfectionnement de compétences sociales, l'estime de soi, la gestion du stress et les qualités de chef de file pour ne nommer que ceux-là.

Pour bien évaluer la perception des bienfaits du sport chez les adultes canadiens, on a ajouté une nouvelle question au cycle 1998 du supplément de l'ESG concernant les sports. Ainsi, les répondants devaient indiquer la mesure dans laquelle le sport était important pour leur procurer les avantages suivants : santé et forme physique, activités familiales, nouveaux amis et connaissances, de même que relaxation.

13.1 « Santé et forme physique » et « relaxation » au premier rang des avantages

Selon les Canadiens actifs, la santé et la forme physique ainsi que la relaxation représentent les avantages les plus importants du sport. Le sentiment d'accomplissement constitue un avantage très important pour près de 6 adultes canadiens sur 10.

De façon générale, les Canadiens ont des attitudes positives face aux avantages du sport. Selon les Canadiens actifs,[15] la santé et la forme physique (71 %) ainsi que la relaxation (69 %) constituent les plus importants avantages du sport. Près de six adultes canadiens sur dix (57 %) estiment que le sentiment d'accomplissement constitue un avantage très important. Les activités familiales (43 %) et l'acquisition de nouveaux amis et connaissances (41 %) sont les avantages relativement moins importants. Ce schéma se vérifie auprès des deux sexes à une exception près. En effet, une proportion supérieure de femmes (49 %) considèrent les activités familiales comme un avantage très important du sport, comparativement aux hommes (38 %).

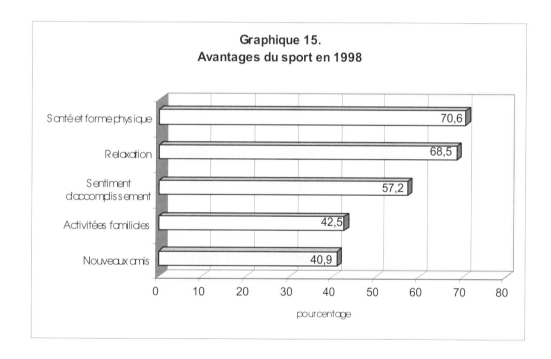

Source : Statistique Canada, Enquête sociale générale, 1998

---

[15] « Canadiens actifs » s'entend du nombre total de Canadiens âgés de 15 ans et plus qui ont déclaré s'être adonnés au sport de façon régulière au cours des 12 derniers mois.

13.2 Les avantages du sport diffèrent d'une tranche d'âge à l'autre

La répartition des réponses de l'enquête par tranche d'âge nous a permis d'observer des différences notables dans l'importance relative que les Canadiens accordent aux avantages du sport. La participation au sport semble être liée à une fonction différente à mesure que nous vieillissons. D'après les jeunes adultes qui composent les tranches des 15 à 18 ans et des 19 à 24 ans, « santé et forme physique » représentent le principal avantage du sport, tandis que les Canadiens de 25 ans et plus mettent sur un pied d'égalité « relaxation » et « santé et forme physique ».

Le « sentiment d'accomplissement » semble un élément très important pour les jeunes Canadiens de 15 à 18 ans puisqu'ils l'ont classé au deuxième rang. Les générations plus âgées, quant à elles, lui ont accordé le troisième rang.

« Nouveaux amis et connaissances » de même que « activités familiales » se retrouvent en dernière place au rayon des divers avantages du sport, et ce, pour tous les âges. Fait intéressant, les 25 à 34 ans et les 35 à 54 ans classent « activités familiales » avant « nouveaux amis », ce qui donne à entendre que le sport est une forme de plaisir familial, quelque chose qui s'apprécie en famille pendant la période où on élève les enfants.

Ces schémas globaux se vérifient dans la plupart des cas pour les hommes et les femmes, à une exception près : les femmes de tous âges accordent aux activités familiales une importance plus grande que ne le font les hommes.

Tableau 15.

Avantages de la participation au sport selon le groupe d'âge et selon le sexe
au Canada en 1998

Hommes et femmes

	Pop. active *	Très important		Assez important		Pas important	
	x 10³	x 10³	%	x 10³	%	x 10³	%
Santé et forme							
15-18	1 121	815	72,7	288	25,7	x	x
19-24	1 235	933	75,5	277	22,4	x	x
25-34	1 781	1 193	67,0	518	29,1	70	3,9
35-54	2 937	2 040	69,5	764	26,0	123	4,2
55 +	1 234	884	71,6	299	24,2	51	4,1
total	8 308	5 865	70,6	2 146	25,8	287	3,5
Activités familiales							
15-18	1 121	312	27,8	503	44,9	307	27,4
19-24	1 235	317	25,7	463	37,5	456	36,9
25-34	1 781	789	44,3	525	29,5	467	26,2
35-54	2 937	1 568	53,4	875	29,8	485	16,5
55 +	1 234	545	44,2	377	30,6	312	25,3
total	8 308	3 531	42,5	2 743	33,0	2 027	24,4
Nouveaux amis et							
15-18	1 121	556	49,6	483	43,1	82	7,3
19-24	1 235	522	42,3	477	38,6	237	19,2
25-34	1 781	643	36,1	833	46,8	305	17,1
35-54	2 937	1 076	36,6	1 247	42,5	605	20,6
55 +	1 234	598	48,5	442	35,8	194	15,7
total	8 308	3 395	40,9	3 482	41,9	1 423	17,1
Relaxation							
15-18	1 121	633	56,5	377	33,6	112	10,0
19-24	1 235	797	64,5	379	30,7	59	4,8
25-34	1 781	1 235	69,3	469	26,3	78	4,4
35-54	2 937	2 131	72,6	676	23,0	120	4,1
55 +	1 234	892	72,3	308	25,0	x	x
total	8 308	5 688	68,5	2 209	26,6	402	4,8
Sentiment							
15-18	1 121	760	67,8	263	23,5	98	8,7
19-24	1 235	764	61,9	371	30,0	100	8,1
25-34	1 781	978	54,9	627	35,2	176	9,9
35-54	2 937	1 585	54,0	1 042	35,5	302	10,3
55 +	1 234	665	53,9	409	33,1	160	13,0
Total	8 308	4 752	57,2	2 712	32,6	836	10,1

suite…

Tableau 15 (suite)

Hommes

	Pop. active*	Très important		Assez important		Pas important	
		x 10^3	%	x 10^3	%	x 10^3	%
Santé et forme							
15-18	688	502	73,0	177	25,7	x	x
19-24	760	616	81,1	126	16,6	x	x
25-34	1 121	786	70,1	284	25,3	51	4,5
35-54	1 852	1 288	69,5	480	25,9	83	4,5
55 +	719	526	73,2	172	23,9	x	x
Total	5 140	3 718	72,3	1 239	24,1	181	3,5
Activités familiales							
15-18	688	163	23,7	338	49,1	187	27,2
19-24	760	144	18,9	276	36,3	340	44,7
25-34	1 121	432	38,5	331	29,5	357	31,8
35-54	1 852	936	50,5	557	30,1	357	19,3
55 +	719	295	41,0	232	32,3	191	26,6
Total	5 140	1 970	38,3	1 734	33,7	1 432	27,9
Nouveaux amis et							
15-18	688	353	51,3	273	39,7	62	9,0
19-24	760	364	47,9	275	36,2	121	15,9
25-34	1 121	392	35,0	559	49,9	170	15,2
35-54	1 852	681	36,8	790	42,7	379	20,5
55 +	719	313	43,5	290	40,3	115	16,0
Total	5 140	2 103	40,9	2 187	42,5	847	16,5
Relaxation							
15-18	688	397	57,7	232	33,7	59	8,6
19-24	760	471	62,0	249	32,8	40	5,3
25-34	1 121	792	70,7	283	25,2	46	4,1
35-54	1 852	1 370	74,0	389	21,0	92	5,0
55 +	719	515	71,6	194	27,0	x	x
Total	5 140	3 545	69,0	1 347	26,2	247	4,8
Sentiment							
15-18	688	455	66,1	162	23,5	71	10,3
19-24	760	459	60,4	232	30,5	69	9,1
25-34	1 121	630	56,2	381	34,0	110	9,8
35-54	1 852	984	53,1	681	36,8	186	10,0
55 +	719	345	48,0	277	38,5	95	13,2
Total	5 140	2 873	55,9	1 733	33,7	531	10,3

suite...

Tableau 15 (suite)

Femmes

	Pop. active*	Très important		Assez important		Pas important	
		x 10^3	%	x 10^3	%	x 10^3	%
Santé et forme							
15-18	433	314	72,5	111	25,6	x	x
19-24	475	317	66,7	150	31,6	x	x
25-34	660	407	61,7	235	35,6	x	x
35-54	1 085	752	69,3	284	26,2	40	3,7
55 +	516	358	69,4	127	24,6	x	x
Total	3 169	2 148	67,8	907	28,6	106	3,3
Activités familiales							
15-18	433	149	34,4	165	38,1	120	27,7
19-24	475	172	36,2	187	39,4	115	24,2
25-34	660	357	54,1	194	29,4	110	16,7
35-54	1 085	631	58,2	317	29,2	128	11,8
55 +	516	250	48,4	145	28,1	121	23,4
Total	3 169	1 559	49,2	1 008	31,8	594	18,7
Nouveaux amis et							
15-18	433	203	46,9	210	48,5	x	x
19-24	475	157	33,1	202	42,5	115	24,2
25-34	660	251	38,0	274	41,5	135	20,5
35-54	1 085	394	36,3	457	42,1	225	20,7
55 +	516	285	55,2	152	29,5	79	15,3
Total	3 169	1 290	40,7	1 295	40,9	574	18,1
Relaxation							
15-18	433	235	54,3	145	33,5	53	12,2
19-24	475	326	68,6	130	27,4	x	x
25-34	660	443	67,1	186	28,2	x	x
35-54	1 085	761	70,1	288	26,5	x	x
55 +	516	378	73,3	114	22,1	x	x
Total	3 169	2 143	67,6	863	27,2	156	4,9
Sentiment							
15-18	433	306	70,7	100	23,1	x	x
19-24	475	305	64,2	139	29,3	x	x
25-34	660	348	52,7	246	37,3	66	10,0
35-54	1 085	601	55,4	361	33,3	116	10,7
55 +	516	319	61,8	132	25,6	64	12,4
Total	3 169	1 879	59,3	978	30,9	304	9,6

*Le dénominateur est la « population active » des gens âgés de 15 ans et plus qui ont fait du sport de façon régulière.

Nota : Seules les réponses invoquées par une population estimative d'au moins 35 000 personnes apparaissent dans le tableau.

Source : Statistique Canada, Enquête sociale générale, 1998

13.3 La participation au sport et le sentiment d'appartenance

On a fait valoir que la participation au sport était un facteur capable de favoriser le développement de collectivités saines et d'améliorer notre qualité de vie individuelle et collective. Une personne qui s'engage dans une activité communautaire telle que le sport doit consentir à y consacrer du temps et des efforts, ce qui augmente les interactions sociales et raffermit les liens au sein de la collectivité.

Le cycle 1998 du supplément de l'ESG concernant les sports comportait une nouvelle question attitudinale invitant les répondants à décrire leur sentiment d'appartenance à leur collectivité locale. Cette question était considérée pertinente par rapport aux concepts de connectivité, de cohésion sociale et d'identité canadienne – l'hypothèse étant que la participation à des activités sportives communes est essentielle à l'identité de la collectivité locale et, par le fait même, à l'identité nationale.

Les données de 1998 révèlent peu de différence entre les participants et les non-participants en ce qui regarde leur sentiment d'appartenance à leur collectivité. En 1998, 63 % des Canadiens actifs indiquaient que leur sentiment d'appartenance variait de quelque peu fort à très fort comparativement à 61 % des Canadiens non actifs.

Malgré ce manque d'éléments probants, il faut considérer les données avec circonspection étant donné que les différences dans le niveau de participation au sport amateur (c.-à-d. appartenance à des ligues ou clubs sportifs, rôle d'entraîneur, d'arbitre ou d'administrateur dans le sport amateur) peuvent faire varier les résultats. En fait, une proportion élevée de Canadiens engagés dans le sport amateur à titre d'administrateurs/aides (74 % d'actifs contre 61 % de non-actifs), d'arbitres (72 % contre 62 %), et d'entraîneurs (71 % contre 61 %), y compris ceux qui font partie de clubs/ligues (68 % contre 61 %), ont fait état d'un sentiment d'appartenance allant de quelque peu fort à très fort comparativement aux Canadiens non actifs dans ces domaines.

Tableau 16.

Sentiment d'appartenance à la collectivité (1) selon la participation au sport au Canada en 1998

	Total des Canadiens (15 ans et plus)		Participants au sport		Non-participants au sport	
	x 10³	%	x 10³	%	x 10³	%
TOTAL	24 260	100,0	8 309	100,0	14 034	100,0
Très fort	4 451	18,3	1 587	19,1	2 864	20,4
Quelque peu fort	9 423	38,8	3 669	44,2	5 754	41,0
Quelque peu faible	5 656	23,3	2 145	25,8	3 511	25,0
Très faible	2 115	8,7	719	8,7	1 396	9,9
Sans opinion/aucune réponse	2 615	10,8	188	2,3	509	3,6

(1) Question posée : « Décririez-vous votre sentiment d'appartenance à votre communauté locale comme étant... »
Source : Statistique Canada, Enquête sociale générale, 1998

13.4 La participation au sport et l'état de santé

Les bienfaits du sport pour la santé sont étayés par beaucoup de recherches et de documents. Selon les preuves accumulées, l'activité physique est non seulement liée à la résistance à certaines maladies, mais également à une meilleure santé, à une meilleure forme physique et à une longévité accrue.

Dans le contexte actuel où la société vieillit et où les « baby-boomers » approchent de leur retraite, les professionnels de la santé, les chercheurs et les experts de la politique officielle craignent de plus en plus que les niveaux actuels de sédentarité n'entravent la qualité de vie de la majorité des Canadiens. L'incapacité de ces derniers à maintenir cette qualité de vie risque de mettre à rude épreuve un système de santé déjà bien engorgé.

L'activité sportive est associée à des perceptions positives de la santé. Des personnes s'adonnant à des sports ont fait état d'une santé se situant entre très bonne et excellente plus que les Canadiens

Les dernières données recueillies dans le cadre de l'ESG révèlent que la pratique des sports est liée à des perceptions positives de la santé. En 1998, 70 % des Canadiens actifs faisaient état d'une santé allant de très bonne à excellente comparativement à 54 % des Canadiens non actifs. Il s'agit d'un écart important (16 points de pourcentage) entre ces deux groupes quant à leur perception de leur état de santé. Cette tendance peut se rapporter en partie aux différences d'âge. Il est moins probable que les Canadiens âgés considèrent leur santé comme étant très bonne ou excellente et qu'ils soient actifs sur le plan sportif.

Tableau 17.

Perception de l'état de santé (1) selon la participation au sport au Canada en 1998

	Total des Canadiens (15 ans et plus)		Participants au sport		Non-participants au sport	
	x 10³	%	X 10³	%	x 10³	%
TOTAL	24260	100,0	8 309	100,0	14 034	100,0
Excellente	5 462	22,5	2 476	29,8	2 986	21,3
Très bonne	7 834	32,3	3 315	39,9	4 519	32,2
Bonne	5 971	24,6	1 844	22,2	4 127	29,4
Moyenne	2 152	8,9	494	5,9	1 659	11,8
Mauvaise	682	2,8	101	1,2	581	4,1
Aucune réponse	2 159	8,9	80	1,0	162	1,2

(1) Question posée : « Comparativement à d'autres personnes de votre âge, diriez-vous qu'en général votre santé est... »

Source : Statistique Canada, Enquête sociale générale, 1998

13.5 La participation au sport et la satisfaction de vivre

Compte tenu des nombreuses études qui lient la participation au sport à l'amélioration de la santé et de la forme physique, à une plus grande estime de soi, à un sentiment de bien-être accru, à la promotion des interactions sociales et à l'établissement de liens au sein de sa propre collectivité, on suppose que la pratique des sports peut également être liée à une satisfaction de vivre.

Afin d'éprouver cette théorie, nous avons croisé les réponses fournies par des participants actifs et des non-participants à une question sur la satisfaction de vivre. Cette question, qui faisait partie du cycle 12 de l'ESG, était la suivante : « Quel sentiment éprouvez-vous maintenant à l'égard de votre vie? » Les réponses étaient calculées au moyen d'une échelle de quatre points allant de très satisfait à très insatisfait.

Les données de 1998 indiquent une augmentation faible, mais néanmoins notable, du sentiment de satisfaction éprouvé par les gens actifs dans le sport. En fait, 94 % des Canadiens actifs dans le sport ont déclaré être très satisfaits de leur vie comparativement à 89 % des Canadiens inactifs – une différence de cinq points de pourcentage. Là encore, il faut considérer ces données avec circonspection puisque la faible différence dans le niveau de satisfaction peut être influencée par d'autres facteurs tels que l'âge, la santé, la situation financière actuelle, la stabilité familiale, etc.

Tableau 18.

Sentiment de satisfaction de vivre [1] selon la participation au sport au Canada en 1998

	Total des Canadiens (15 ans et plus)		Participants au sport		Non-participants au sport	
	x 10^3	%	x 10^3	%	X 10^3	%
TOTAL	24 260	100	8 309	100,0	14 034	100,0
Très satisfait	8 122	33,5	3 302	39,7	4 741	33,8
Plutôt satisfait	12 448	51,3	4 493	54,1	7 757	55,3
Plutôt insatisfait	1 568	6,5	426	5,1	1 133	8,1
Très insatisfait	327	1,3	50	0,6	276	2,0
Sans opinion/aucune	1 794	7,4	38	0,5	126	0,9

(1) Question posée : Quel sentiment éprouvez-vous maintenant à l'égard de votre vie? »

Source : Statistique Canada, Enquête sociale générale, 1998

14.0 Augmentation de la non-participation

Le temps et l'argent, dirait-on, sont des « denrées » plutôt rares ces jours-ci. Les horaires surchargés avec lesquels la plupart d'entre nous sommes aux prises semblent avoir une incidence sur les niveaux de participation au sport. Le temps libre dont nous disposons n'a pas augmenté alors que les autres demandes qui nous sont faites sont à la hausse. De plus, l'influence de la nouvelle technologie, particulièrement l'ordinateur, l'Internet et les centaines de chaînes de télévision qui nous sont proposées, modifient les rapports entre les gens. Comme nous passons plus de temps devant nos ordinateurs et écrans de télévision, il en reste d'autant moins pour faire du sport et s'engager dans des activités communautaires.

14.1 Raisons de la non-participation [16]

Qu'est-ce qui retient les Canadiens?
Pourquoi n'y-t-il pas plus de Canadiens qui participent au sport? Les principales raisons invoquées n'ont pas changé depuis la première fois où la question a été posée en 1992 : manque de temps, manque d'intérêt, problèmes de santé/blessures ou âge. Sur le plan positif, mentionnons que l'absence d'installations sportives et de programmes viennent au dernier rang des raisons invoquées pour la non-participation. Le graphique 17 illustre les raisons que donnent les Canadiens pour ne pas participer au sport.

Compte tenu de nos horaires surchargés, il n'est pas étonnant que le « manque de temps » soit la principale raison invoquée par les Canadiens pour ne pas avoir été plus actifs en 1998. Près du tiers des Canadiens inactifs ont déclaré ne disposer d'aucun temps libre pour faire du sport. Le manque d'intérêt est la seconde raison fournie par plus du quart (26 %) des non-participants. Les aspects touchant la santé/les blessures (13 %) ainsi que l'âge (13%) partagent le troisième rang.

Les hommes manquent de temps, les femmes manquent de temps et d'intérêt
En ce qui regarde les différences entre les sexes, une proportion supérieure d'hommes ont déclaré manquer de temps pour faire du sport (35 % des hommes contre 29 % des femmes), tandis que les femmes ont avoué ne pas être très intéressées au sport (28 % femmes contre 23 % hommes).

Fait intéressant, les raisons de la non-participation varient en fonction de l'âge. Le tiers de tous les Canadiens non actifs ont invoqué le manque de temps.

---

[16] Les répondants pouvaient invoquer plus d'une raison pour leur non-participation.

Pourtant, près de la moitié des Canadiens non actifs des tranches des 20 à 24 ans et des 25 à 34 ans, et 38 % des 35 à 54 ans ont indiqué cette raison pour justifier leur non-participation au sport. À juste titre, il reste peu de temps de loisirs à ces groupes d'âge qui vivent la période la plus intense de leur vie, alors qu'ils doivent équilibrer les responsabilités sur le plan des études, de la profession et de l'éducation des enfants.

Le manque d'intérêt envers le sport a été la raison mentionnée par la majeure partie des jeunes inactifs dans la tranche des 15 à 19 ans (40 %), suivie de celle des 35 à 54 ans (28 %). Quant aux Canadiens plus âgés, ils ont plus souvent coché dans les cases « santé/blessures » et « âge ». Alors que moins de 7 % de jeunes Canadiens inactifs ont fait état de « santé/blessures », cette proportion grimpe à 10 % chez les 35 à 54 ans, et à 24 % chez les Canadiens de 55 ans et plus. Dans le même ordre d'idées, les 55 ans et plus ont le plus souvent invoqué l'âge (38 %) pour ne pas participer au sport.

Graphique 16.
Raisons invoquées en 1998 pour ne pas faire de sport

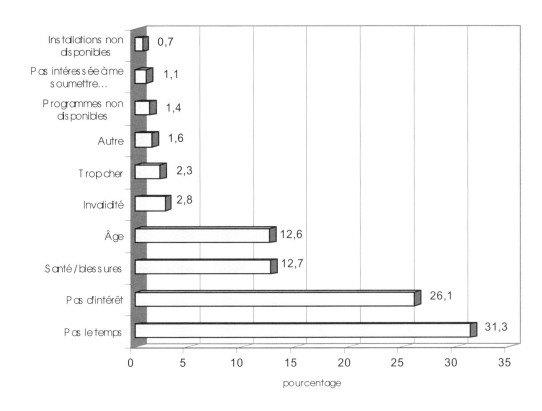

Source : Statistique Canada, Enquête sociale générale, 1998

Tableau 19.

Raisons* invoquées par les personnes qui ne font pas de sport selon l'âge au Canada en 1998

		Total		Hommes		Femmes	
		x 10^3	%	x 10^3	%	x 10^3	%
Population qui ne fait pas de sport		14 034	57,8	5 878	49,2	8 156	66,2
Tous les âges							
	Manque de temps	4 396	31,3	2 049	34,8	2 347	28,8
	Pas intéressé(e)	3 667	26,1	1 368	23,3	2 300	28,2
	Santé/blessures	1 781	12,7	682	11,6	1 099	13,5
	Âge	1 775	12,6	701	11,9	1 074	13,2
	Invalidité	388	2,8	206	3,5	182	2,2
	Trop cher	320	2,3	161	2,7	158	1,9
	Autre	227	1,6	86	1,5	141	1,7
	Programmes non disponibles	190	1,4	68	1,1	122	1,5
	Ne veut pas se soumettre à un horaire régulier	153	1,1	65	1,1	88	1,1
	Installations non disponibles	92	0,7	42	0,7	50	0,6
15-19	Pas intéressé(e)	246	40,3	106	50,0	140	35,2
	Manque de temps	157	25,7	60	28,1	97	24,4
20-24	Manque de temps	446	47,9	167	48,2	279	47,7
	Pas intéressé(e)	237	25,4	74	21,5	162	27,7
	Santé/blessures	65	7,0	x	x	X	x
25-34	Manque de temps	1 231	49,0	549	53,0	682	46,2
	Pas intéressé(e)	623	24,8	214	20,7	409	27,7
	Santé/blessures	131	5,2	x	x	X	x
	Trop cher	103	4,1	48	4,6	55	3,7
35-54	Manque de temps	2 155	37,7	1 066	42,7	1 089	33,8
	Pas intéressé(e)	1 627	28,4	591	23,7	1 036	32,1
	Santé/blessures	543	9,5	203	8,1	341	10,6
	Invalidité	139	2,4	70	2,8	70	2,2
	Trop cher	137	2,4	64	2,5	73	2,3
	Âge	134	2,3	68	2,7	66	2,0
	Autre	128	2,2	53	2,1	75	2,3
	Ne veut pas se soumettre à un horaire régulier	75	1,3	x	x	X	x
	Programmes non disponibles	66	1,2	x	x	X	x
55+	Âge	1 633	38,3	632	35,4	1 001	40,4
	Santé/blessures	1 007	23,6	414	23,1	594	24,0
	Pas intéressé(e)	935	21,9	382	21,4	553	22,3
	Manque de temps	407	9,5	207	11,6	200	8,1
	Invalidité	223	5,2	124	7,0	99	4,0
	Programmes non disponibles	68	1,6	x	x	X	x
	Trop cher	52	1,2	x	x	X	x

Le dénominateur des pourcentages est le nombre de non-participants dans chacune des catégories.

Nota : Seules les raisons invoquées par une population estimative d'au moins 35 000 personnes apparaissent dans le tableau.

Source : Statistique Canada, Enquête sociale générale, 1998

15.0 Facteurs pouvant influer sur la pratique des sports

Divers facteurs sociaux et économiques offrent de l'information contextuelle pour aider à comprendre la baisse de participation au sport par les Canadiens de 1992 à 1998. Les explications peuvent provenir de plusieurs sources, notamment le vieillissement de la population, les contraintes économiques, l'augmentation du coût de l'équipement sportif, les frais d'inscription et d'adhésion, le peu de temps à consacrer aux loisirs et le grand nombre d'activités récréatives qui s'offrent à nous.

15.1 Population vieillissante

La population canadienne vieillit. L'explosion démographique a eu une incidence considérable sur la répartition et la structure par âge de la population générale. Selon les projections actuelles, le nombre de personnes âgées qui vivent au Canada connaîtra une hausse notable au cours des 20 prochaines années. Ce changement démographique aura vraisemblablement des conséquences de taille sur le secteur sportif. Compte tenu du tableau démographique actuel, qui illustre une société vieillissante avec ses « baby-boomers » entamant leur cinquantaine et leur soixantaine, le niveau de participation au sport risque de chuter davantage.

Le taux de participation au sport se modifiera sans nul doute puisque les facteurs démographiques refaçonnent la composition de ses participants. À vrai dire, les modifications démographiques à venir engendreront à la fois des possibilités et des défis dans le domaine du sport.

15.2 Les femmes vivent plus longtemps

Selon les plus récentes données sur l'espérance de vie, les Canadiennes en 1996 vivaient 5,7 années de plus que les Canadiens (81,4 et 75,7 ans respectivement). L'espérance de vie des femmes dépasse généralement celle des hommes dans toutes les provinces (exception faite des territoires). Bien qu'une série de projections préparées par Statistique Canada offre trois scénarios sur les répartitions de la population totale par âge et par sexe, il ne fait aucun doute que le nombre de personnes âgées qui vivent au Canada, particulièrement les femmes, augmentera sensiblement au cours des 20 prochaines années. Ces changements dans la composition par âge des Canadiens feront en sorte que nous nous retrouverons avec une population plus âgée majoritairement composée de femmes, ce qui pourrait amortir davantage les taux de participation au sport.

15.3 L'importance du temps libre

Selon l'Enquête sociale générale, *Aperçu sur l'emploi du temps des Canadiens en 1998*, le temps libre [17] devient précieux. Le temps personnel est devenu l'un des atouts les plus appréciés des gens aujourd'hui. Dans les faits, les Canadiens n'ont pas plus de temps libre aujourd'hui qu'en 1986. Ils faisaient état d'une moyenne de 5,7 heures libres par jour en 1986 comparativement à 5,8 heures en 1998. Étant donné que la plupart des activités sportives se déroulent durant nos heures de loisirs, les niveaux de participation souffrent de cette absence de temps de loisirs.

15.4 Économie

Proportionnellement aux dépenses totales, les dépenses consacrées au sport et aux loisirs ont diminué de façon constante au cours de la dernière décennie. Selon les données de l'Enquête sur les dépenses des ménages (anciennement l'EDF), les Canadiens auraient réduit de 9 %, entre 1986 et 1996, leurs dépenses liées au sport et aux loisirs. En 1996, les dépenses moyennes en produits et services de sport représentaient environ 2 % du budget des ménages.

Le revenu personnel disponible ne s'est accru que modérément, compte tenu du fait que nous continuons à verser en impôts une grande partie de notre revenu familial.[18] Les gens ont moins d'argent à dépenser, de sorte qu'ils se montrent prudents dans leurs choix de dépenses. De plus, la concurrence est énorme pour nos dollars disponibles à la baisse.

15.5 Activités de loisirs concurrentielles

Le consommateur d'aujourd'hui a le choix parmi une myriade d'activités de loisirs, y compris les films, la télévision, divers passe-temps et le sport. Notre temps et nos dollars sont de plus en plus visés par un vaste éventail de services et d'activités concurrentiels. La demande relative au sport se fragmente de plus en plus à mesure que croît le menu des loisirs qui s'offrent à nous. Parallèlement, nous faisons des choix plus avisés compte tenu du fait que notre temps de loisirs est limité.

---

[17] Le temps libre ou temps de loisirs comprend la partie restante de la journée de 24 heures qui n'est pas consacrée au travail rémunéré, au travail non rémunéré ou aux soins personnels.

[18] Enquête sur les dépenses des ménages, 1997

La technologie de l'information à domicile est le plus récent domaine exerçant une influence de taille sur les Canadiens. Les progrès technologiques ont rapidement transformé les ordinateurs de nos domiciles en appareils de jeux vidéo et en outils Internet. En 1997, 36 % des ménages canadiens possédaient un ordinateur, soit plus du triple des données recueillies à ce chapitre en 1986 (10,3 %), et un ordinateur sur trois sert à accéder à Internet.[19] Nous utilisons aujourd'hui notre temps de loisirs plus différemment que jamais auparavant, et nous sommes moins nombreux à nous adonner à des sports et à des passe-temps. Les gens, surtout les jeunes, consacrent une grande partie de leur temps de loisirs à naviguer sur Internet.

15.6 Conclusion

Vu le rythme des progrès technologiques, le vieillissement de notre population, le peu de temps libre dont nous disposons, les conditions économiques variables et les préférences changeantes des consommateurs, il est difficile de prévoir les futurs schémas de la participation au sport. Chacun de ces facteurs influe sur notre façon de dépenser le temps et les dollars dont nous disposons ainsi que sur l'orientation de nos efforts. Alors même que nous avançons dans ce nouveau siècle, d'autres changements surviendront inévitablement dans la participation au sport puisqu'un grand nombre de « baby-boomers » approchent de leur retraite.

Par ailleurs, on peut prévoir une intensification de la demande en produits et services de sport sous l'action d'une éducation accrue et de revenus plus élevés, combinés à une plus grande proportion de familles à double revenu (deux revenus ne signifient pas nécessairement un revenu disponible plus grand). Ces facteurs socio-économiques peuvent en fait se traduire par une augmentation de la participation au sport. Le défi qui se pose consiste à pouvoir comprendre et prévoir certains de ces changements, puis de cibler les activités et services de sport qu'exigeront les nouvelles conditions.

---

[19] Enquête sur l'équipement ménager, Cat. n° 64-202-XPB

16.0 Méthode

16.1 L'Enquête sociale générale

Statistique Canada, au moyen d'un supplément à l'Enquête sociale générale concernant les sports, a sondé environ 10 000 Canadiens âgés de 15 ans et plus sur la nature et l'ampleur de leur participation au sport au cours des 12 mois précédents. L'enquête a été menée en 1992 et en 1998. Ces deux suppléments sur les sports représentent la principale source de données de la présente étude, plus particulièrement les cycles 7 et 12 intitulés Emploi du temps de l'ESG.

Les responsables du Programme de la statistique culturelle de Statistique Canada ont élaboré les questions sur le sport en tenant compte des besoins en information des partenaires fédéraux et provinciaux/territoriaux concernés. Un groupe d'utilisateurs des données aux échelons fédéral et provincial ont commandité des questions dans le but d'obtenir un aperçu plus complet de l'étendue de la participation au sport au Canada.

On déterminait cette participation par la question suivante :
    « *Avez-vous pratiqué des sports de façon régulière au cours des 12 derniers mois?* »
« Régulièrement » signifiait que le répondant avait pratiqué un sport au moins une fois par semaine pendant la saison ou pendant une certaine période de l'année. Par exemple, bien que le jeu de quilles ne représente pas un sport saisonnier, le répondant pouvait l'inclure parmi les activités sportives s'il s'y était adonné de façon régulière durant une période de l'année.

Les types de sports visés par cette enquête avaient été déterminés à l'aide d'une liste fournie par Sport Canada (voir annexe), qui définissait le sport comme une activité qui :

- met aux prises deux participants ou plus dans le but d'évaluer leur performance personnelle dans un cadre de compétition;

- comprend des règles et des méthodes officielles;

- repose sur des tactiques et des stratégies;

- fait appel à des habiletés neuromusculaires spécialisées qui peuvent être enseignées et apprises;

- fait travailler de façon intensive des groupes de muscles importants;

- présente un degré élevé de difficultés, de risques et d'efforts dans la reproduction de mouvements ou de figures;

- comprend la formation d'entraîneurs compétents aux fins de la compétition;

- comprend essentiellement une interaction physique entre les participants et le milieu;

- exclut toute activité pour laquelle l'utilisation d'un véhicule motorisé est le principal déterminant des résultats de la compétition. Lorsque des véhicules mécanisés ou d'autres moyens de transport sont utilisés, l'activité doit comporter des efforts physiques importants en vue d'actionner le véhicule ou le moyen de transport.

Nous nous sommes appuyés sur ces lignes directrices générales de définition du sport pour exclure plusieurs activités physiques ou de loisirs telles que la gymnastique aérobique, la dansexercice, l'aquaforme, le bicyclette récréative ou comme moyen de transport, la course à pied et la marche, etc.

La période de référence des deux cycles d'enquête (1992 et 1998) était la participation au cours des 12 derniers mois. On admet qu'une période de référence d'un an comporte le problème du rappel. De plus, il faut tenir compte des risques d'exagération puisque les répondants peuvent hésiter à admettre, particulièrement en cette époque où la santé est mise en évidence, qu'ils n'ont pas été physiquement actifs au cours de la dernière année. On ne peut mesurer, à partir du questionnaire, si les répondants en ont trop mis ou pas assez quant à leur participation au sport.

L'ESG, qui remonte à 1985, se déroule par téléphone dans les dix provinces. Elle consiste en la collecte continue de données, ce qui permet ensuite d'analyser les tendances. Voici la liste des sujets de collecte des données de l'ESG :

Sujets des cycles de l'ESG	Date de l'ESG (n° de cycle)		
	1re série	2e série	3e série
La santé	1985 (1)	1991 (6)	
L'emploi du temps	1986 (2)	1992 (7)	1998 (12)
La victimisation	1988 (3)	1993 (8)	1999 (13)
Les études, le travail et la retraite	1989 (4)	1994 (9)	
La famille et les amis	1990 (5)	1995 (10)	
L'aide du milieu	1985 (1)	1990 (5)	1996 (11)
L'accessibilité de la technologie de l'information et de la communication et son utilisation par les citoyens	2000 (14)		

Chaque enquête contient un sujet de base de même qu'un ensemble normalisé de questions socio-démographiques. La population cible de l'ESG est celle de toutes les personnes de 15 ans et plus résidant au Canada. Les résidents des territoires et les pensionnaires à temps plein d'un établissement institutionnel sont exclus de l'échantillon. La méthode de collecte des données est l'interview téléphonique assistée par ordinateur (ITAO). Les ménages ne possédant pas de téléphone ont donc été exclus de l'échantillon. Les personnes vivant dans des ménages dépourvus de téléphone représentent moins de 2 % de la population cible. Toutefois, les estimations de l'enquête ont été ajustées (c.-à-d. pondérées) pour tenir compte de ces personnes. La collecte de données par téléphone est intéressante, car elle ne coûte pas cher et offre une grande souplesse quant au plan d'échantillonnage. Néanmoins, les entrevues par téléphone comportent quelques désavantages : les foyers non visés, bien que leur nombre soit faible, sont concentrés dans les groupes de population ayant un faible niveau de scolarité ou de revenu; les taux de réponse tendent à être plus bas que les entrevues en personne, et il y a des limites à la quantité et au type de données qu'on peut recueillir par téléphone.

La taille de l'échantillon, jusqu'en 1998, était d'environ 10 000 personnes. Elle a été augmentée à 25 000 personnes en 1999, rendant possible la collecte de résultats plus détaillés à l'échelon national et provincial.

Le plan d'échantillonnage ne permet pas d'établir des estimations concernant les Autochtones.

Taux de réponse et de non-réponse à l'ESC (%)

Cycle	Sujet	Année d'enq.	Taille de l'éch.	Taux de rép.
1	Santé	1985	11 200	83,4
2	Emploi du temps	1986	16 390	78,9
3	Risques personnels	1988	9 870	82,4
4	Éducation et travail	1989	9 338	80,7
5	Famille et amis	1990	13 495	75,8
6	Santé	1991	11 924	80,2
7	Emploi du temps	1992	9 815	76,8
8	Risques personnels	1993	10 385	81,6
9	Études, travail et retraite	1994	11 876	81,2
10	Famille	1995	10 749	81,4
11	Aide du milieu	1996	12 756	85,3
12	Emploi du temps	1998	10 749	77,6
13	Victimisation	1999	25 000 (e)	non disp.
14	Accessibilité de la technologie de l'information et de la communication et son utilisation par les citoyens	2000	25 000 (e)	non disp.

Les données du cycle 12 de l'ESG ont été recueillies entre février 1998 et janvier 1999. L'échantillon a été réparti également sur les 12 mois afin de tenir compte des variations saisonnières dans les données.

Pondération
Lorsqu'on utilise un échantillon aléatoire, comme ce fut le cas pour l'ESG, le principe qui sous-tend l'estimation est que chacune des personnes sélectionnées représente (outre elle-même) plusieurs autres personnes n'entrant pas dans l'échantillon. Par exemple, dans le cas d'un échantillon aléatoire simple de 2 % de la population, chaque personne de l'échantillon en représente 50 dans la population.

Au moment d'analyser les données du cycle 12 de l'ESG, il faut utiliser comme facteur de pondération soit WGHTFIN (fichier principal), soit WGHTEPI (fichier épisodique de l'emploi du temps).

Les utilisateurs ne doivent pas diffuser des tableaux non pondérés ou effectuer des analyses fondées sur des résultats d'enquête non pondérés. Les taux d'échantillonnage et les taux de non-réponse varient considérablement d'une province à l'autre et selon diverses caractéristiques démographiques. Par exemple, nous savons que les non-répondants sont probablement des hommes et que ceux-ci sont généralement jeunes. Une proportion de 3,3 % des répondants étaient des hommes âgés entre 15 et 19 ans, alors que la population globale en compte une proportion de 4,3 %. Par conséquent, il est clair que l'échantillon non pondéré ne peut être considéré comme représentatif de la population cible de l'enquête.

Il faut utiliser les facteurs de pondération de l'enquête au moment de produire des estimations ou de réaliser des analyses afin de tenir compte autant que possible de la sous-représentation ou surreprésentation géographique ainsi que de la sous-représentation ou surreprésentation des groupes répartis selon l'âge et le sexe, des mois de l'année, ou des journées de la semaine dans le fichier non pondéré.

Dans un grand nombre d'observations, les erreurs aléatoires auront peu d'effet sur les estimations tirées de l'enquête. Toutefois, les erreurs qui se produisent systématiquement contribueront à biaiser les estimations de l'enquête. Des erreurs non liées à l'échantillonnage peuvent se produire à presque toutes les phases de l'enquête. Il se peut que les intervieweurs comprennent mal les instructions, que les répondants se trompent en répondant aux questions, que des réponses soient mal entrées dans l'ordinateur et que des erreurs se produisent au moment du traitement ou de la mise en tableaux des données. Il s'agit d'exemples d'erreurs non dues à l'échantillonnage.

Nous avons consacré beaucoup de temps et d'efforts à réduire le nombre d'erreurs non dues à l'échantillonnage dans l'enquête. Des mesures d'assurance de la qualité ont été prises à chaque étape du cycle de collecte et de traitement des données afin de contrôler la qualité des données. Entre autres mesures utilisées, mentionnons les suivantes : recours à des intervieweurs très qualifiés, à qui on a donné une formation poussée en ce qui touche les procédures d'enquête et le questionnaire; observation des intervieweurs pour repérer les problèmes liés à la conception du questionnaire ou à la mauvaise interprétation des instructions; procédures pour réduire au minimum les erreurs de saisie des données; vérifications de la qualité du codage et des corrections pour s'assurer de la logique du traitement.

L'incidence de la non-réponse sur les résultats d'enquête est une source importante d'erreurs non dues à l'échantillonnage. La non-réponse peut aller de la non-réponse totale à la non-réponse partielle (l'absence de réponse à seulement une ou plusieurs questions). Il y a non-réponse totale lorsque l'intervieweur n'a pu communiquer avec le répondant, qu'aucun membre du ménage n'a pu fournir l'information, ou que le répondant a refusé de participer à l'enquête. On a traité la non-réponse totale en ajustant le coefficient de pondération des ménages qui ont répondu à l'enquête.

Coefficient de variation (c.v.)
Comme il est inévitable que les estimations d'une enquête menée à partir d'un échantillon fassent l'objet d'une erreur d'échantillonnage, la pratique habituelle en statistique est de fournir à l'utilisateur un indice de l'importance de cette erreur.

En raison de la grande diversité des estimations que l'on peut tirer d'une enquête, l'écart-type d'une estimation est habituellement exprimé en fonction de l'estimation à laquelle elle se rapporte. La mesure qui en découle, appelée coefficient de variation (c.v.) d'une estimation, s'obtient en divisant l'erreur-type de l'estimation par l'estimation elle-même et s'exprime en pourcentage de l'estimation. **Avant de diffuser ou de publier des estimations faites à partir du fichier de microdonnées, les utilisateurs devraient d'abord s'appuyer sur les lignes directrices suivantes.**

Coefficient de variation		Instruction générale
De 0,0 à 16,5 %	Variabilité d'échantillonnage modérée	Communicable
De 16,6 % à 33,3 %	Variabilité d'échantillonnage élevée	Communicable avec mise en garde
33,4 % ou plus	Variabilité d'échantillonnage très élevée	**Non communicable**

Nota : Il faudrait également appliquer aux estimations arrondies la politique relative à la variabilité d'échantillonnage.

Pour que les estimations produites à partir des fichiers de microdonnées de l'ESG correspondent à celles produites par Statistique Canada, nous exhortons les utilisateurs à arrondir les estimations au millier le plus près au moyen de la technique d'arrondissement habituelle. Il pourrait être trompeur de diffuser des estimations non arrondies étant donné qu'elles supposent une précision plus grande qu'en réalité. Si on utilise une technique d'arrondissement différente en raison de limites techniques ou autres, donnant ainsi des estimations différentes de celles de Statistique Canada, les utilisateurs sont encouragés à indiquer la raison de ces différences dans le document publié.

Test t
On a procédé à un test t pour les taux de participation au sport afin de déterminer si la différence dans les taux était significative ou non sur le plan statistique.

Une couple d'hypothèses sont énoncées : ainsi, supposons que la répartition est normale. Un test bilatéral sera utilisé à un niveau de confiance de 95 %. La valeur critique est de 1,96.

Hypothèse : Si les taux de participation de 1992 et de 1998 n'ont presque pas changé, c'est-à-dire si la différence se situe entre 1,96 et –1,96, on peut en conclure que ce changement n'est pas significatif sur le plan statistique. Mais si le résultat du test t est supérieur à + ou - 1,96, les changements dans les taux de participation entre 1992 et 1998 sont alors importants sur le plan statistique.

Le résultat du test t, à savoir –13,2, se situe bien au-delà de la valeur critique de + ou - 1,96, de sorte que la différence dans les taux de participation entre 1992 et 1998 est statistiquement importante, à un niveau de confiance de 95 %.

Annexe I.   Liste des codes de sports de l'Enquête sociale générale de 1998

La liste suivante démontre les sports qui ont été inclus et exclus pour ce sondage. Les sports mis en caractères gras sont des ajouts au supplément de sport précédent, cycle 7, 1992.

LISTE DES SPORTS À INCLURE

Athlétisme
Aviron

Badminton
Balle au mur
Ballon balai
Base-ball
Basket-ball
Biathlon
Bobsleigh
Boxe

Canöe-kayak
Cinq-quilles
Course d'orientation
Criket
Curling
Crosse
Cyclisme

Dix-quilles
Dynamophilie

Équitation
Escrime

Football et ses variants (touch- et flag-)

Golf
Gymnastique rythmique

Haltérophilie
Handball olympique
Hockey-balle
Hockey avec patins à roues alignées
Hockey sur gazon
Hockey sur glace

Jeu de boules
Judo

Karaté
Kayak

Gymnastique
Luge
Lutte

Nage synchronisée
Natation
Netball

Patinage avec patins à roues alignées
Patinage de vitesse
Patinage artistique
Pentathlon
Planche à neige
Plongeon

Racquetball
Raquette
Ringuette
Rugby

Saut à ski
Ski alpin
Ski nautique
Ski de randonnée
Ski acrobatique
Ski, combiné nordique
Soccer
Softbal
Sports arctiques (sports autochtones traditionnels)
Sports pour aveugles
Sports pour sourds
Sports en fauteuil roulant
Sports pour amputés
Squash

Tae kwon do
Tennis
Tennis de table
Tir
Tir à l'arc
Traineau tiré par des chiens
Triathlon

Voile
Volley-ball

Water-polo

LISTE DES SPORTS À EXCLURE

Aquaforme

Bridge

Course automobile
Course à pied
Culturisme
Cyclisme récréatif ou utilitaire

Danse aérobique

Échecs

Jeu de boules sur pelouse (boulingrén)
Jeu de fléchettes

Maniement du bâton de majorette
Motocyclette
Motoneige

Pêche

Randonnée pédastre
Rouli-roulant

Souque-à-la`corde

Trampoline

Vol à voile

<<Meneuses de claques>>

Annexe II. Enquête sociale générale, supplément concernant les sports de 1998

Les questions en caractères gras sont des ajouts au supplément précédent concernant les sports du cycle 7 de l'ESG menée en 1992.

J1. Avez-vous pratiqué des sports de façon régulière au cours des 12 derniers mois?
    Oui   Non   Refus

Régulièrement signifie au moins une fois par semaine pendant la saison ou pendant une certaine période de l'année.

Exclure : Aérobique, aquaforme, bicyclette récréative ou comme moyen de transport, course automobile, culturisme, jogging, marche, motocyclette, motoneige, pêche sportive, pétanque, planche à roulettes (rouli-roulant), randonnée pédestre.

J2s#. Quels sports avez-vous pratiqués? (Maximum de cinq sports, choisis dans la liste)

J2a#. À quelle fréquence? (en saison)
    2 à 3 fois par mois   **1 à 2 fois par semaine**   **3 fois et plus par semaine**

J3. Avez-vous participé à des compétitions ou des tournois au cours des 12 derniers mois?
    Oui   Non   Refus

Inclure les compétitions entre les écoles ou entre les équipes à l'intérieur d'une école ou au travail.

J4s#. Pour quel(s) sport(s)? (Maximum de cinq sports, choisis dans la liste)

J4a#. Était-ce à l'échelle locale, régionale, provinciale ou nationale?
    Locale   **Régionale**   **Provinciale**   **Nationale**   **Autre**

Les compétitions entre les écoles ou entre les équipes à l'intérieur d'une école ou au travail doivent être codées comme « Autre ».

J5a. Dans quelle mesure le sport est-il important pour procurer les avantages suivants?
    Santé et forme physique   **Très important**   **Assez important Pas important**

J5b. Activités familiales
    Très important   **Assez important**   **Pas important**

J5c. Nouveaux amis et connaissances
    Très important   **Assez important**   **Pas important**

J5d. Relaxation
    Très important   **Assez important**   **Pas important**

J5e. Sentiment d'accomplissement
    Très important   **Assez important**   **Pas important**

J6. Y a-t-il des raisons particulières pour lesquelles vous ne pratiquez pas de sports de façon régulière? (Acceptez tout ce qui s'applique)

Aucune raison
Pas d'intérêt
Programmes non disponibles dans ma collectivité
Pas le temps
Pas intéressé à me soumettre à un horaire régulier
Installations non disponibles
Trop cher
Santé/blessures
Âge
Invalidité
Autre
Refus

J7. Certains membres de votre ménage ont-ils pratiqué des sports de façon régulière au cours des 12 derniers mois?

Oui　　　　Non　　　　Refus

J8. Lesquels? *(Maximum de quatre membres)*

J8@# Quels sports a-t-il pratiqués? *(Maximum de quatre sports par membre)*

J8@# À quelle fréquence? *(Pour chaque sport)*
2 à 3 fois par mois　　　1 à 2 fois par semaine　　　3 fois et plus par semaine

J9. Y a-t-il des membres de votre ménage, vous inclus, qui appartiennent à un club sportif, à une ligue communautaire ou à une autre organisation locale ou régionale de sport amateur?

Oui　　　　Non　　　　Refus

J10. Lesquels? *(Maximum de quatre membres)*

J11. Au cours des 12 derniers mois, y a-t-il des membres de votre ménage, vous inclus, qui ont participé à un sport amateur comme :
Entraîneur?

Oui　　　　Non　　　　Refus

J11a. Lesquels? *(Maximum de quatre membres)*

J12. Arbitre?

Oui　　　　Non　　　　Refus

J12a. Lesquels? *(Maximum de quatre membres)*

J13. Administrateur ou aide?

Oui　　　　Non　　　　Refus

J13a. Lesquels? *(Maximum de quatre membres)*

J14. Spectateur à des compétitions?
    Oui   Non   Refus

J14a. Lesquels? *(Maximum de quatre membres)*

J15. Appartenez-vous à un club sportif, à une ligue communautaire ou à une autre organisation locale ou régionale de sport amateur?
    Oui   Non   Refus

J16a. Au cours des 12 derniers mois, avez-vous participé à un sport amateur comme : Entraîneur?
    Oui   Non   Refus

J16b. Arbitre?
    Oui   Non   Refus

J16c. Administrateur ou aide?
    Oui   Non   Refus

J16d. Spectateur à des compétitions?
    Oui   Non   Refus

Questions d'enquête posées en 1992 mais non en 1998

G2A Était-ce organisé par un club, un programme de loisirs communautaire, une ligue ou un organisme de sport provincial?

G11. Quand vous étiez à l'école, avez-vous déjà pratiqué (ou pratiquez-vous) des sports organisés autrement que durant les cours d'éducation physique?

G12. Avez-vous déjà participé à des compétitions avec d'autres écoles?

F13. Au cours des 12 derniers mois, avez-vous assisté à des manifestations sportives professionnelles?

Sport Canada

Sport Participation in Canada

1998 Report

| 1 | 2 | 3 | 4 |

Photo Credits:

2. J. Pleau, Parks Canada

Report prepared by
the Culture Statistics Program
Culture, Tourism and Centre for Education Statistics
Statistics Canada

for
Sport Canada

Table of Contents

1.0   Highlights

National Sport Participation Rate 1998

Canadians exhibited a dramatic shift in their involvement in sport. Fewer Canadians reported participating in sport in 1998 than six years earlier. In 1998, one-third (34%) of the Canadian population (aged 15 and over) participated in sport on a regular basis, down almost 11 percentage points from the 45% reporting participation in 1992.

Male and Female Rates

Male participation rates continue to be higher than that of females. While the proportion of both adult males and females playing sports declined, males playing sports (43%) continue to outnumber females (26%).

Age

Sport participation levels decrease dramatically as we age. The younger the individual, the more likely he/she is to participate in sport. Unfortunately, this active lifestyle does not seem to continue beyond our 20's.

Provincial / Regional Variations

Regional and provincial differences in sport participation were observed, with rates increasing as we move from east to west. In 1998, residents of the Atlantic Provinces and Ontario reported the lowest levels of sport participation, while Quebec, Alberta and British Columbia reported the highest.

Education

The higher the level of education attained, the higher the sport participation rate. In 1998, nearly one-half (46%) of those holding a university degree regularly The higher the level of education attained, the higher the sport participation rate. participated in sport, compared with less than one-third (29%) of persons with some secondary schooling or less.

Income

The higher the household income, the higher the sport participation rate. In 1998, fifty percent (51%) of respondents in households earning incomes of $80,000 or more participated in sport compared to one-quarter of respondents in households earning less than $20,000.

Mother Tongue

In 1998, little difference was observed between the rate of Anglophones (37%) and Francophones (38%) engaged in sport. Interestingly, respondents speaking multiple languages reported the highest rate of participation (41%) and persons speaking a language other than French or English showed the lowest (26%).

Labour Force Status

Students (either with or without employment) showed the highest rate of involvement in sport at 64%, almost twice the national average. This observation is consistent with the trend that it is young people between the ages of 15-24 that tend to be most active in sport.

It seems that persons with the least amount of free time are the ones participating in sport. That is, while 40% of full-time workers engaged in sport on a regular basis, the rate drops to 33% for part-time workers[1] and to 23% of persons not in the labour force.

Most Popular Sports[2]

Golf, hockey, baseball and swimming were by far the sports most frequently reported by adult Canadians in 1998. Golf has replaced hockey as the number one sport activity reported. Over 1.8 million Canadians reported playing golf on a regular basis in 1998 (7.4% of the adult population) compared to 1.3 million (5.9%) in 1992. Hockey ranked second with 1.5 million adult Canadians (6.2%) playing hockey.

Swimming, golf, baseball and volleyball (in descending order) were the sports of choice for women 15 years and older, while men preferred hockey, golf, baseball or basketball.

Children and Sport

Just over half (54%) of Canadian children aged 5-14 were actively involved in sport. Girls (48%) tend to be less active in sport than boys (61%).

Family income is key to children's involvement in sport. Just under one-half (49%) of children from households with earnings under $40,000 were active in sport, compared with 73% of those from households earning over $80,000.

---

[1] Less than 30 hours per week.
[2] Respondents may indicate participating in more than one sport.

Clubs / Community Leagues

Over half (55%) of 'active Canadians' [3] belonged to a local club, community league or other local amateur sport organization in 1998. This represents a substantial 20 percentage point increase in the proportion of active Canadians belonging to sport clubs over 1992 (34%).

Surge in women belonging to sport clubs. While nearly half (46%) of active males belonged to a sport club or community league in 1998, almost three-quarters (71%) of active females belonged.

Competitions and Tournaments

Of Active Canadians, just over one-third (36%) competed in competitions or tournaments in 1998, comparable to the proportion competing in 1992 (33%).

A gender gap exists when it comes to competing in sporting events. Of the 3 million Canadians competing, over two-thirds were men.

Young active Canadians between the ages of 15-18 competed in greater proportion than any other age group.

Coaching

The number of Canadians coaching amateur sport doubled from 839,000 Canadians in 1992 (4%) to 1.7 million in 1998 (7%). This increase took place across all age groups with the exception of older Canadians aged 55 plus.

Male coaches tend to outnumber female coaches, yet not to the extent that one might expect, 56% of coaches were men and 44% were women. The data reveal an increase in the number of women taking an interest in coaching over this 6-year span. While 203,000 women (2%) reported coaching in 1992, this figure more than tripled to 766,000 women (6%) by 1998.

When controlling for age, the data show that young adults aged 15-18 were involved in coaching amateur sport at a higher rate than any other age group. In 1998, sixteen percent of young adults aged 15-18 reported coaching – over twice the national rate.

---

[3]   Number of Canadians (15 years and over) having reported participating in sport on a regular basis over the past 12 months.

Refereeing

The number of adult Canadians involved in amateur sport as referees, officials or umpires increased from an estimated 550,000 in 1992 to almost 940,000 in 1998.

As expected, male referees, officials and umpires outnumbered females 5 to 1 in 1992. But by 1998, the gender gap decreased to a ratio of less than 2 males to 1 female.

Administrator/ Helper

In total, 1.7 million adult Canadians (7%) were involved in amateur sport as administrators or helpers in 1998, down from nearly 2 million (9%) in 1992.

Males and females were involved as administrators / helpers in equal proportion in 1998. Not so six years earlier, when almost two times as many men were sport administrators as were women.

Spectators

More Canadians watched amateur sporting events in 1998 than in 1992. The number of spectators increased from 5.1 million or 24% of adult Canadians in 1992 to 7.6 million or 32% in 1998 – an increase of 8 percentage points. The number of men and women watching amateur sport were about equal.

Benefits of Sport

Active Canadians ranked 'health and fitness' (71%) and 'relaxation' (69%) as the most important benefits of sport.

'A sense of achievement' was rated as a very important benefit by nearly 6 in 10 (57%) adult Canadians. Both 'family activity' (43%) and making 'new friends/acquaintances' (41%) ranked last in relative importance.

Being active in sport is related to positive perceptions of health. In 1998, 70% of Canadians active in sport indicated a health rating of very good to excellent compared to 54% of non-active Canadians.

Possible Factors Influencing Sport Participation

Various social and economic factors offer possible reasons for the decrease in sport participation by Canadians including an aging population, economic pressures, limited leisure time and the wide range of other leisure activities vying for our attention.

2.0   Introduction

When you think of sport, you think of our professional athletes excelling in their sport of choice, but you also think of the hockey practices your son attends every Saturday morning, the junior soccer team you coach, the curling club your spouse belongs to, the tennis tournament that you helped organize and that your teenage daughter competed in, as well as reading the sport section of your local newspaper and watching sports on television. Many Canadians participate in sport in one way or another, either directly as a participant or indirectly as a coach, official, volunteer or spectator. Sport touches every community across the country and everyone's life to some extent.

This report takes an in-depth look at Canadians who are either directly involved in sport as participants or indirectly involved through coaching, refereeing, officiating or being a spectator at amateur sporting events. Various socio-economic variables including age, sex, income and education will be reviewed as possible factors impacting on levels of sport participation. Were Canadians more or less active in sport in 1998 than in 1992? Who are these sport enthusiasts? What kinds of sports are we interested in playing – have our preferences changed over time? Does parental involvement in sport influence participation on the part of their kids? Why are other Canadians not involved in sport? What barriers to participation are reported, and are they different from reasons reported in 1992? Everyone agrees that sport offers many benefits, but what are they? Is there a link between participation in sport and increased life satisfaction or sense of belonging to ones community? These are the types of questions that this report will attempt to answer.

3.0 Objectives

Few studies have provided information on trends in sport participation in Canada. Limited information does exist on the patterns of physical activity as released by the *Canadian Fitness and Lifestyle Research Institute*[4] and on exercise frequency through the *National Population Health Survey*[5] produced by the Health Statistics Division at Statistics Canada. However, these studies take a broader view looking at various types of physical activities rather than focusing their research on sport. Little information is available on levels of sport participation by Canadians. Furthermore, comparisons between surveys can be misleading. Each study produces different estimates as a result of variations in the questions asked, the definitions used, scope and methodology. For example, the *National Population Health Survey* defines exercise to include vigorous physical activities such as calisthenics, jogging, racquet sports, team sports, dance classes or brisk walking for a period of at least 15 minutes. This definition includes a wider range of physical activities than the definition of sport used in the General Social Survey. For these reasons, this report focuses its analysis on the 1992 and 1998 sport supplements to the General Social Survey (GSS).

The two sport supplements to the General Social Survey provide a unique opportunity to describe and track patterns and changes in sport participation rates of Canadians over time. This rich data base allows researchers to identify key socio-demographic variables thought to have an influence on participation levels such as age, sex, level of education and household income, mother tongue and labour force status. Involvement in sport is not limited to active participation. Indirect involvement in amateur sport as a coach, referee or umpire, administrator or helper and as a spectator will also be explored. Additional questions asked of respondents included the benefits of sport, reasons for non-participation, and perceived level of life satisfaction, health status and sense of belonging to ones community. The purpose of this report is to produce timely and relevant research on the magnitude of, and changes in sport participation in Canada. It will further our understanding of the possible factors contributing to these changes, thus helping to meet the increased demand for relevant quantitative and qualitative data on sport.

---

[4] See their web site at www.cflri.ca

[5] Data is available through the Statistics Canada web site www.statcan.ca under Canadian Statistics or through Catalogue No. 82F0075XCB.

The final section presents some social and economic factors that may help explain changes in sport participation rates. Possible reasons for these changes lie on a number of fronts including an aging population, the rising cost of sport equipment and registration fees, current economic pressures, limited leisure time and changing consumer tastes.

Admittedly, only two years of data are analyzed in this report – 1992 and 1998. It is difficult to draw conclusions based on only two years of data, and this report does not assume that any trends revealed will continue over the years. It would be interesting to see what patterns emerge over a much longer period of time. Nevertheless, this report provides a window on the lifestyles of Canadians in relation to sport in 1992 and 1998.

3.1 Definition of Sport

The General Social Survey determined ones involvement in sport by asking the question:

"Did you regularly participate in any sports during the past 12 months?"

'Regularly' meant that the respondent participated in a sport at least once a week during the season or during a certain period of time. For example, although bowling is not a seasonal sport, the respondent was to include bowling if it was played on a regular basis during a period of the year.

Guidelines for determining whether a physical activity fell within scope as a *'sport'* were determined by Sport Canada. Specifically, a sport is an activity that involves two or more participants engaging for the purpose of competition. Sport involves formal rules and procedures, requires tactics and strategies, specialized neuromuscular skills, a high degree of difficulty, risk and effort. Its competitive mode implies the development of trained coaching personnel and does not include activities in which the performance of a motorized vehicle is the primary determinant of the competitive outcome.

Based on these general guidelines, a list of sports was provided by Sport Canada. In addition, a number of physical and leisure activities were excluded such as aerobics, dancercize, aquafit, bicycling for recreation or transportation, body building, car racing, fishing, hiking, jogging, lawn bowling, motorcycling, skate boarding, snowmobiling and walking. Further details about the GSS survey design, the survey questions, the list of sports included and those excluded are all contained in Chapter 16 and the Appendices.

3.2 Calculation of Rates

Participation rates can be calculated in a number of different ways. The participation rates in most of the tables use the total Canadian population aged 15 years and older as the denominator (TP= total population). Participation rates were also calculated using the total number of males 15 years and older (MP= male population) and total females 15 years and older (FP= female population). This allows one to view the proportion of sport participants within the total population, as well as within the male and female populations.

A second set of percentages were calculated using the population that actively participates in sport as the base, thus giving us a rate of *'Active Canadians'* (Active TP, Active MP, Active FP). This allows for comparisons within the active population. Footnotes at the end of each table indicate which sub-population was used in the calculation of the rates.

4.0 National Trends in Sport Participation, 1992 and 1998

4.1 Fewer Canadians Participating in Sport

According to the latest information released by the General Social Survey, fewer Canadians (aged 15 and older) reported participating in sport in 1998 than six years earlier.

In 1998, one-third (34%) of the Canadian population (aged 15 and over) participated in sport on a regular basis, down almost 11 percentage points from the 45% reporting participation in 1992.

In 1998, 8.3 million Canadians or one-third (34%) of the adult population [6] participated in sport on a regular basis, down almost 11 percentage points from the 45% (9.6 million) reporting participation in 1992. This drop in the sport participation rate was widespread, cutting across all age groups, all provinces, both sexes, across education levels and income brackets.

In order to determine whether or not this decrease is statistically significant, a statistical test called the t-test was calculated. It was found that the drop in the sport participation rate from 1992 to 1998 is indeed statistically significant at the 95% confidence level. (see Appendix for details). Despite the recent emphasis on physical fitness, sport and health, Canadians exhibited a real decline in their rate of sport participation.

This downward trend is not to say that Canadians are not engaging in any physical activity. It is recognized that many Canadians engage in regular exercise through various physical fitness programs or classes, others enjoy jogging, gardening, power walking, etc. *The Canadian Fitness and Lifestyle Research Institute* recently reported that rates of physical activity have in fact been on the rise. Similarly, the *National Population Health Survey* reports that most us are active, with over 9 out of 10 Canadians either walking for exercise, swimming, exercising at home, jogging, playing hockey or engaging in some form of physical activity. Canadians are indeed physically active but whether or not they are active in *sport* is the real focus of this report. The current paper analyzes data specific to participation in <u>sport</u> rather than physical activity in general. It examines but one component within the sport continuum - that of sport participation, and excludes other forms of physical activity from high performance and professional sport at one extreme through to physical fitness at the other end.

---

[6] *'Adult population'* refers to the population surveyed by the GSS – specifically those aged 15 years of age and older.

4.2   How does Canada compare with other countries?

Although Australian and American statistics on sport participation are not comparable to the Canadian data in terms of definitions and methodologies used, it is still interesting to note that both the Australian and American rates are relatively similar to ours.

Australia

Australian statistics must be viewed with caution. Several definitional changes took place over the years. Initially, their sport participation data was categorized as either competitive or social. In 1996-97 the survey became compulsory resulting in a 10-percentage point increase in participation. Then in 1997-98 the survey cycle saw a broadening of the definitional scope of sport participation to include participation in organized and non-organized sport plus physical activities, resulting once again in significantly higher participation rates.

In order to confidently compare data across the years, participation data on organized sport and physical activity needs to be isolated and analyzed separately. The latest Australian participation rate for organized sport and physical activity was 30%[7], comparable to the Canadian rate of 34%. Despite the methodological changes, the Australian participation rate has remained fairly steady since 1993 hovering between 28% and 30%.

USA

Few American studies have consistently measured trends in physical activity and sport. Those that do exist employ different methodologies, different target populations and sample sizes and date back to the mid-1980s and early 1990s. The data that does exist indicates that participation in sport and physical activity among adults has changed very little. Over 60% of American adults do not engage in sufficient levels of physical activity to provide health benefits, and more than 25% are not active at all. The latest United States Surgeon General's report on *Physical Activity and Health* [8] indicates that 22% of adult Americans engaged in regular sustained physical activity, well below the Canadian rate of 34%.

---

[7]   www.abs.gov.au/ausstats
[8]   www.cdc.gov/nccdphp/

Rates of sport participation in Canada are at par, if not higher than those reported in the U.S. and Australia. Nevertheless, the reduced level of sport participation in Canada, coupled with recent changes in our demographics, suggest that this downward trend may continue as our population ages. The Canadian Fitness and Lifestyle Research Institute suggests that recent technological advancements have lead to increasingly sedentary lifestyles in Canada. As more of us continue to purchase computers and spend more of our leisure time surfing the Internet, fewer hours will be available for the pursuit of sport and physical activity. Surfing the net may be seen as a relatively inexpensive alternative leisure activity, compared with sport given the increasing cost of transportation, sport equipment, and registration fees. Physical inactivity is becoming a major public health issue that will likely impact on our already over-burdened health system.

4.3 More Men than Women Participated in Sport – The gender gap widens

Male participation rates continue to be higher than that of females; however, the proportion of both adult males and females playing sports

A substantial difference in sport participation rates continues to exist between the sexes. While the proportion of both males and females participating in sport declined from 1992 to 1998, the male participation rate continues to be higher than that of females. In 1998, 43% of adult [9] males reported playing sports on a regular basis compared with 26% of adult females.

The difference between male-female sport participation rates seems to be widening. In 1992 the data indicated a spread of 14 percentage points between the sexes, by 1998 the gap widened to 17 percentage points.

Another observation is the notable drop in the rate of females engaging in sport over this six-year period. In 1992 over one-third of adult females (38%) indicated being involved in sport. By 1998, this figure dropped 12 percentage points to just over one-quarter (26%) of adult females regularly participating in sport.

---

[9] 'Adult' refers to persons 15 years of age and older.

Table 1.

Profile of Adult Canadians Regularly Participating in Sport by Sex, 1992 and 1998					
	1992		1998		net change
	000s	%	000s	%	
Male	5,454	52.3	5,140	43.1	-9.2
Female	4,141	38.1	3,169	25.7	-12.4
Total	9,594	45.1	8,309	34.2	-10.9

Participation rates were calculated using total Canadians 15 years and older within each gender category, thus providing gender-specific rates.

Source: General Social Survey, 1992 and 1998.

4.4   Sport Participation Decreases with Age

Youth most active in sport

Sport participation levels decrease dramatically as we age. The younger the individual, the more likely he/she is to participate in sport.

Recent trends reveal that levels of sport participation decrease rather dramatically as we age. The younger the individual, the more likely he/she is to participate in sport. Unfortunately, this active lifestyle does not seem to continue beyond our 20's. The youngest age group, 15-18 year olds reported the highest sport participation rate with seven out of ten (68%) involved in sport at least once a week in 1998 - twice the national rate (34%). This rate drops to 5 in 10 for persons aged 19-24, to 4 in 10 for the 25-34 age group, and to 2 in 10 for persons aged 55 and over.

Compared with the 1992 data, sport participation rates in 1998 dropped across all age groupings, but most notably for those between 25-34 and 35-54 years of age (decreases of 14 and 12 percentage points respectively). It is not surprising to see lower levels of sport involvement for people between the ages of 25 and 54. Adults in this age group are in the midst of the busiest point in their lives, occupied with university, career, family and child rearing, thus leaving little time for engaging in sport.

Table 2.

Age Profile of Canadians Regularly Participating in Sport, 1992 and 1998					
	1992		**1998**		**Net change**
	000s	%	000s	%	
Total	9,594	45.1	8,309	34.2	-10.9
Age group					
15-18	1,185	76.8	1,121	68.2	-8.6
19-24	1,375	61.3	1,235	51.1	-10.2
25-34	2,483	52.8	1,781	38.6	-14.2
35-54	3,196	43.0	2,937	31.4	-11.6
55 and over	1,355	25.3	1,234	19.8	-5.5

Participation rates were calculated using the total number of Canadians falling within each age category, thus providing age specific rates.

Source: General Social Survey, 1992 and 1998.

Chart 1 shows that while the gender gap in sport participation rates persists across all age groups, the gap decreases with age. The largest difference between rates of males and females participating in sport is observed in the two youngest age categories of 15-18 and 25-34 years of age – both showing a difference of 25 percentage points. This difference gradually decreases for the remaining age groups with older men and women (persons aged 55 and older) showing the smallest spread in participation rates.

Canada's population is aging. The baby boom has made a significant impact on the age distribution and structure of the general population. Current population projections point to the fact that the number of seniors living in Canada will increase notably over the next 20 years. This demographic change will likely have important consequences for the sport sector. As our society ages, with 'baby boomers' entering their fifties and sixties, the current level of sport participation will likely decrease even further.

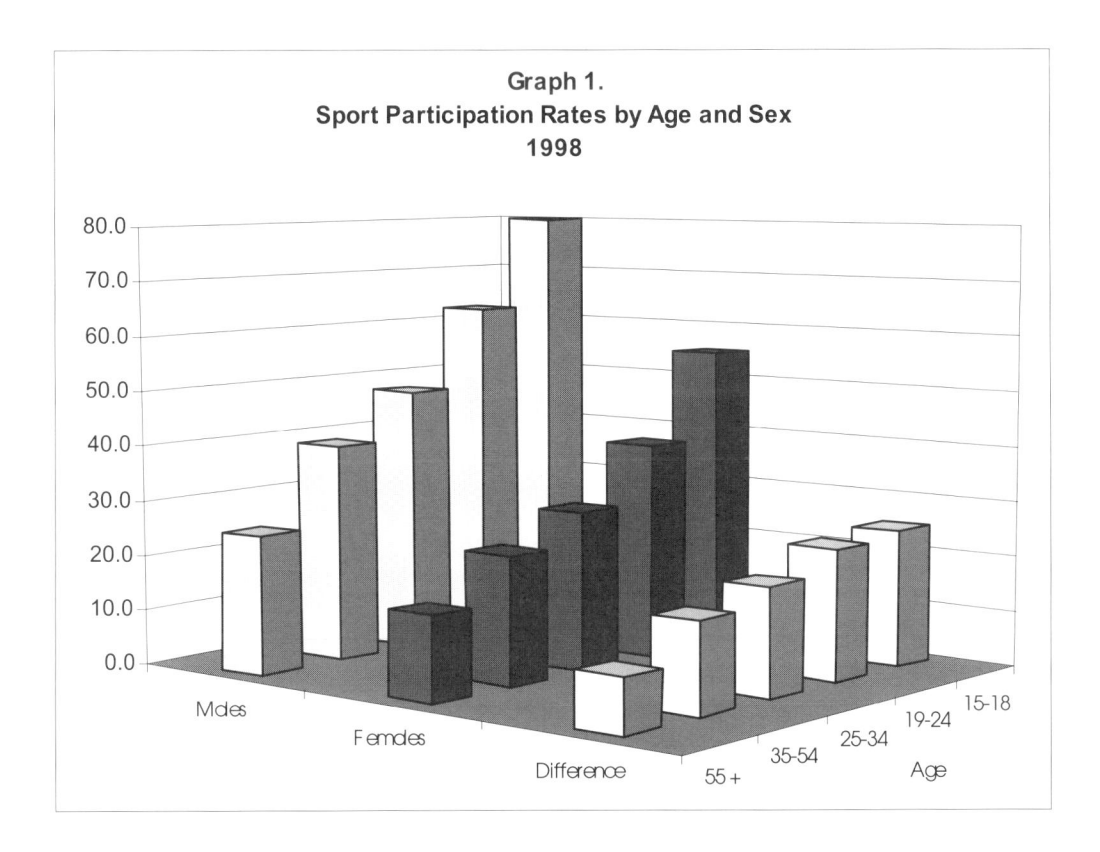

Graph 1.
Sport Participation Rates by Age and Sex
1998

	15 - 18	19 - 24	25 - 34	35 - 54	55 +
Males	80.0	63.0	48.3	39.5	25.1
Females	55.2	39.3	28.8	23.2	15.3
Difference	24.8	23.7	19.5	16.3	9.8

Source: Statistics Canada, General Social Survey, 1998

4.5   Provincial/Regional Trends

Quebec, Alberta and B.C. boast the highest sport participation rates

In 1998, residents of the Atlantic Provinces and Ontario reported the lowest levels of sport participation, while Quebec, Alberta and British Columbia reported the highest.

Regional and provincial disparities in levels of sport participation observed in 1992 persist in 1998. East–to-west differences in sport participation were observed, with rates of participation generally increasing as we move from east to west. Residents of the Atlantic Provinces and Ontario reported the lowest levels of sport participation, while Quebec, Alberta and British Columbia reported the highest.

In 1992, British Columbia reported the highest participation rate with over one half (53%) of its population regularly participating in sport, followed closely by Quebec (49%) and Nova Scotia (47%). Each of these provinces boasted participation rates above the national average. By 1998, the proportion of sport enthusiasts in British Columbia dropped 17 percentage points to 36%, placing it in third position after Quebec (38%) and Alberta (37%). Quebec now boasts the highest rate of sport participation with nearly four in ten persons in Quebec engaged in sport on a regular basis.

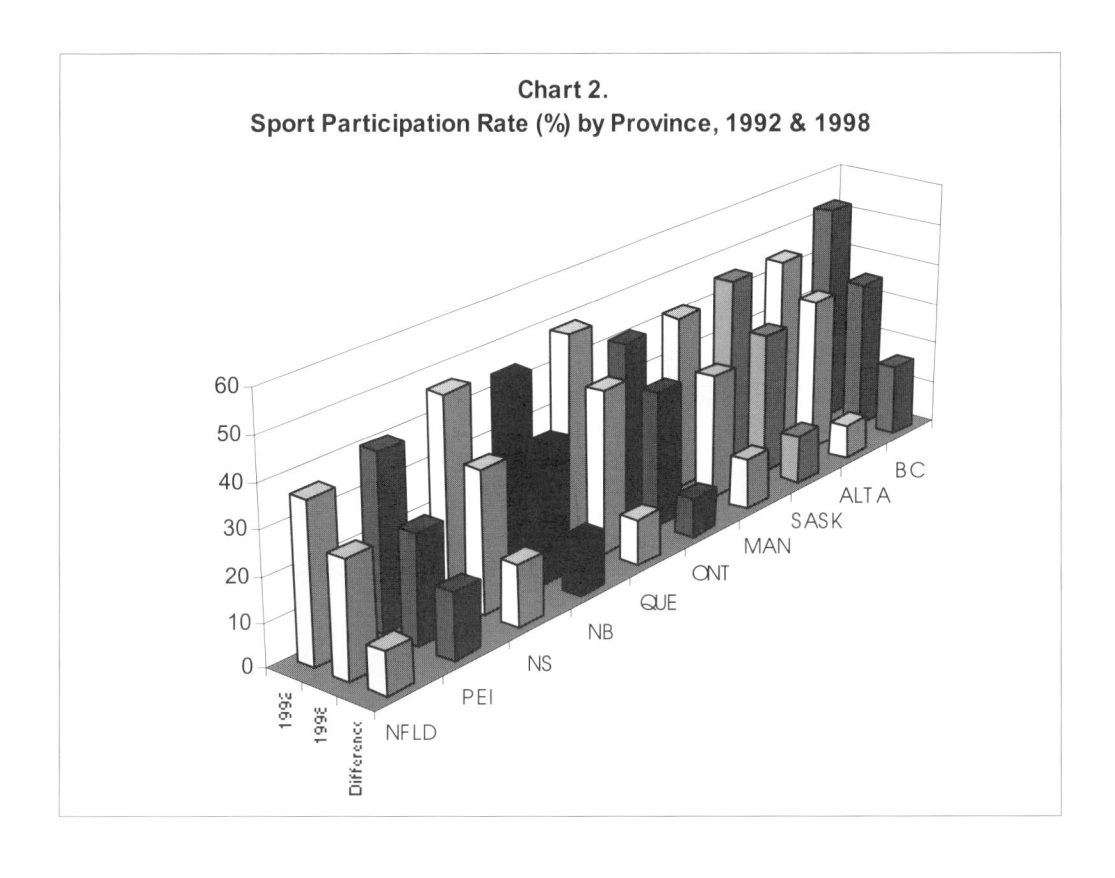

Chart 2.
Sport Participation Rate (%) by Province, 1992 & 1998

	NFLD	PEI	NS	NB	QUE	ONT	MAN	SASK	ALTA	BC
1992	36.4	40.3	46.8	44.1	48.7	40.9	41.5	45.3	44.9	52.7
1998	26.6	25.2	32.6	31.6	38.1	31.8	29.1	33.9	36.8	35.8
Difference	9.8	15.1	14.2	12.5	10.6	9.1	11.8	11.4	8.1	16.9

Source: Statistics Canada, General Social Survey, 1992 and 1998

Table 3.

Sport Participation, Canada and the Provinces, 1992 and 1998

| | 1992 | | 1998 | | |
	000s	% participating	000s	% participating	net change
CANADA	9,594	45.1	8,309	34.3	- 10.8
Newfoundland	160	36.4	119	26.6	- 9.8
Prince Edward Island	40	40.3	27	25.2	- 15.1
Nova Scotia	333	46.8	248	32.6	- 14.2
New Brunswick	251	44.1	194	31.6	- 12.5
Quebec	2,655	48.7	2,288	38.1	- 10.6
Ontario	3,234	40.9	2,921	31.8	- 9.1
Manitoba	349	41.5	265	29.7	- 11.9
Saskatchewan	335	45.3	267	33.9	- 11.4
Alberta	869	44.9	833	36.8	- 8.1
British Columbia	1,368	52.7	1,147	35.8	- 16.9

Participation rates were calculated using the total number of Canadians aged 15 and older within each province.

Source: Statistics Canada, General Social Survey, 1992 and 1998

4.6　Sport Participation Increases with Education

The higher the level of education attained, the higher the sport participation rate.

Trend data indicate that the higher the level of education attained, the higher the sport participation level. In 1998, nearly one-half (46%) of those holding a university degree participated in sport compared with less than one-third (29%) of persons with some secondary schooling or less. A number of factors could help explain this relationship. It could be said, for instance, that the more educated a person is, the more aware he/she will be of the benefits of being active in sport. Alternatively, age may be an influencing factor since younger people tend to participate in sport at a higher rate, and in general, have attained higher levels of education than their older counterparts.

This education-participation trend observed holds for both men and women. Whether one is male or female, higher sport participation goes hand-in-hand with higher education.

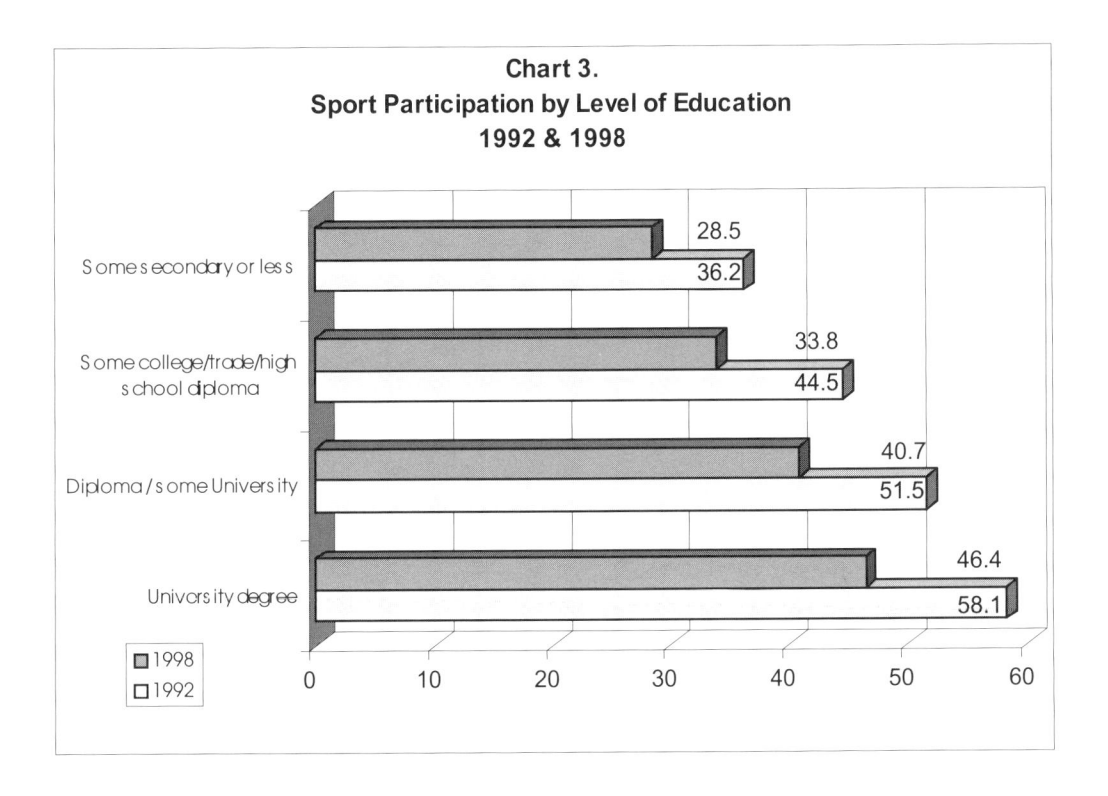

Chart 3.
Sport Participation by Level of Education
1992 & 1998

Source: Statistics Canada, General Social Survey, 1992 and 1998

4.7   Sport Participation Increases with Household Income

The higher the household income, the higher the sport participation rate.

A similar trend holds true for household income and sport involvement. The higher the household income, the higher the sport participation level. In 1998, just over half of respondents (51%) in households earning incomes of $80,000 or more participated in sport compared to one-quarter (25%) of respondents in households earning less than $20,000. Admittedly, financial resources are required to buy the necessary equipment to engage in many types of sport. On the other hand, sports such as soccer, swimming and basketball can all be enjoyed with minimal, if any, cash flow. Thus economics cannot be the only factor at play. Persons from higher income households also tend to have higher levels of education, thus education may also be playing a role.

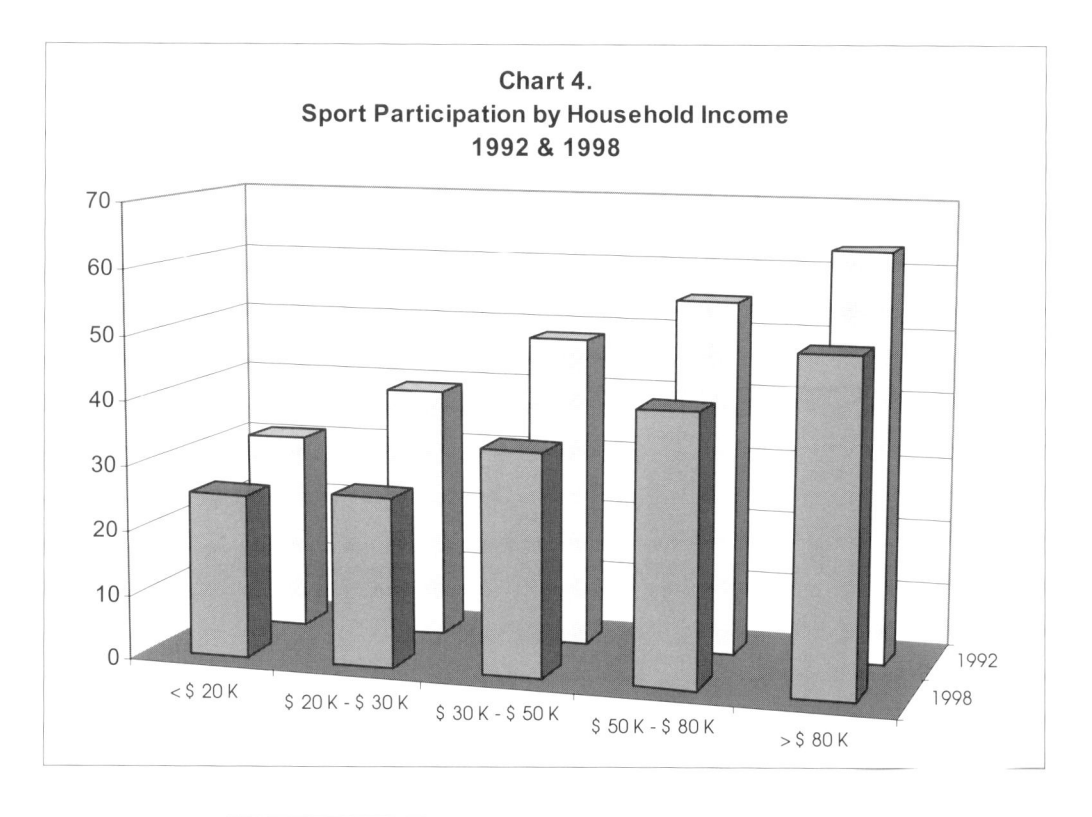

	< $ 20 K	$ 20K - $ 30K	$ 30K - $ 50K	$ 50K - $ 80K	> $ 80 K
1998	25.2	26.2	34.4	41.5	50.6
1992	30.5	39.2	48.2	54.8	63.2

Source: Statistics Canada, General Social Survey, 1992 and 1998

4.8   Mother Tongue

Persons Speaking Multiple Languages Most Active in Sport

In 1998, the rate of Anglophones and Francophones engaged in sport was similar. Respondents speaking multiple languages reported the highest rate of participation (41%)

The impact of mother tongue (i.e. first childhood language) on sport participation rates reveals some interesting patterns. In 1992 and again in 1998, little difference was observed between rates of Anglophones (37%) and Francophones (38%) engaged in sport. Interestingly, respondents speaking multiple languages reported the highest rate of participation (41%). Persons speaking a language other than French or English showed the lowest rate (26%) - ten percentage points lower than either the Anglophones or Francophones rates.

Comparing the 1992 rates with those of 1998, a drop of approximately 10 percentage points was observed for each linguistic category, with one exception. The rate for persons speaking multiple languages decreased by 23 percentage points over this 6-year period, from 6 out of 10 participating in sport in 1992, to 4 in 10 by 1998. It is difficult to say why this dramatic decrease occurred.

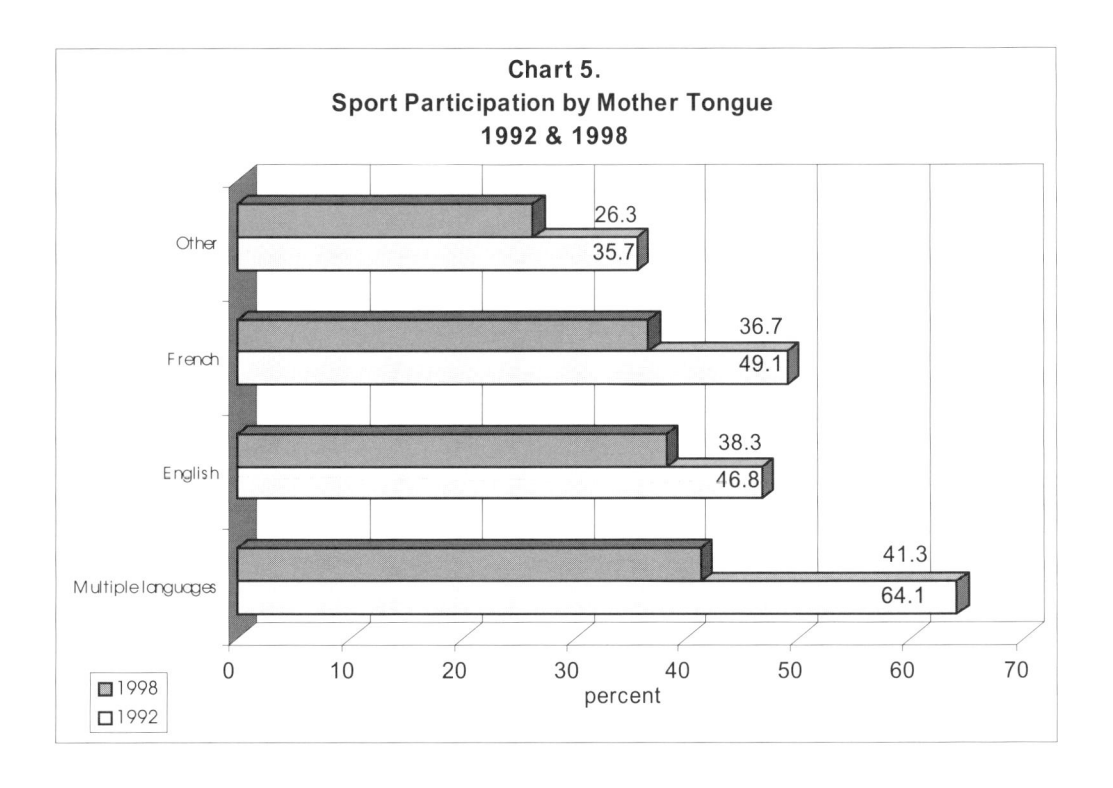

Chart 5.
Sport Participation by Mother Tongue
1992 & 1998

Source: Statistics Canada, General Social Survey, 1992 and 1998

4.9   Labour Force Status

Students most active in sport

Students showed the highest rate of involvement in sport at 64%, almost twice the national average.

The General Social survey revealed differences in sport participation rates amongst the various types of employment activity. Students (either with or without employment) showed the highest rate of involvement in sport at 64%, almost twice the national average. This observation is understandable given the trend that it is young people between the ages of 15 - 24 that tend to be most active in sport and most likely to still be attending school.

Persons with the least amount of free time are the ones participating in sport.

As for the remaining employment categories, it seems that persons with the least amount of free time are the ones engaging in sport. That is, while 40% of full-time workers reported participating in sport, the rate drops to 33% for part-time workers [10], and to 23% for those not in the labour force.

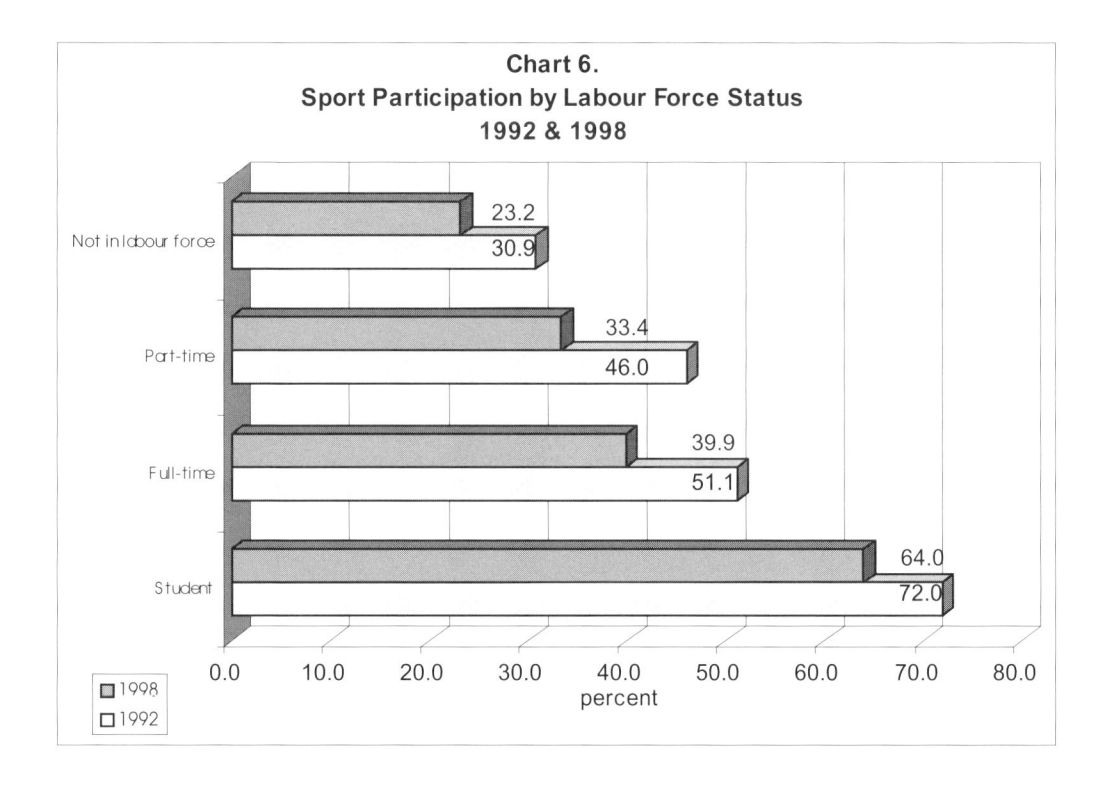

Source: Statistics Canada, General Social Survey, 1992 and 1998

[10]   Working less than 30 hours per week.

Table 4.

Profile of Canadians (aged 15 + years) who regularly participate in Sport, 1998

	Total		Male		Female	
	000s	%	000s	%	000s	%
Total participating	8,309	34.2	5,140	43.1	3,169	25.7
Age group						
15-18	1,121	68.2	688	80.0	433	55.2
19-24	1,235	51.1	760	63.0	475	39.3
25-34	1,781	38.6	1,121	48.3	660	28.8
35-54	2,937	31.4	1,852	39.5	1,085	23.2
55 and over	1,234	19.8	719	25.1	516	15.3
Level of education						
Some secondary or less	1,794	28.5	1,115	36.0	679	21.3
Some college/trade/high school	2,049	33.8	1,262	44.3	787	24.5
Diploma/some University	2,522	40.7	1,529	51.7	993	30.6
University degree	1,900	46.4	1,210	53.0	690	38.1
Family income						
Less than $20,000	581	25.2	278	29.9	303	22.0
$20,000 to $29,999	479	26.2	274	32.9	205	20.6
$30,000 to $49,999	1,465	34.4	849	41.9	616	27.5
$50,000 to $79,999	1,833	41.5	1,260	52.2	572	28.5
$80,000 or more	1,602	50.6	1,136	57.3	466	39.3
Province of residence						
Newfoundland	119	26.6	78	35.3	40	17.7
Prince Edward Island	27	25.2	17	32.7	9	16.4
Nova Scotia	248	32.6	162	43.7	87	22.3
New Brunswick	194	31.6	115	38.2	78	25.0
Quebec	2,288	38.1	1,329	45.2	959	31.3
Ontario	2,921	31.8	1,861	41.3	1,060	22.7
Manitoba	265	29.7	163	37.0	102	22.5
Saskatchewan	267	33.9	177	45.5	90	22.6
Alberta	833	36.8	532	47.0	301	26.7
British Columbia	1,147	35.8	705	44.6	442	27.3
Labour force participation						
Full time	4,544	39.9	3,249	47.0	1,295	28.9
Part time	539	33.4	174	47.7	364	29.1
Student with/without employment	1,515	64.0	917	76.3	598	51.3
Not in labour force	1,562	23.2	732	29.9	830	19.3
Mother tongue						
English only	4,347	38.3	2,766	48.8	1,580	27.8
French only	1,586	36.7	908	45.0	678	29.4
Other only	620	26.3	410	33.9	210	18.2
Multiple languages	1,719	41.3	1,029	49.9	689	32.9

The participation rate is calculated using the total Canadian population 15 years and older for each designated category.

Source: Statistics Canada, General Social Survey, 1998

5.0   Sports We Enjoy

5.1   Golf ranks as the most popular sport in 1998

Golf has replaced hockey as the number one sport activity reported. Golf, hockey, baseball and swimming were the sports most frequently reported by adult Canadians in 1998.

According to the GSS, golf has replaced hockey as the number one sport activity reported [11] in 1998. Over 1.8 million Canadians (or 7.4% of the adult population) reported playing golf on a regular basis compared to 1.3 million (5.9%) in 1992. This interest in golf lies mainly with adult males who made up three-quarters (74%) of all golfers. The number of adult males reporting playing golf increased from 912,000 in 1992 to 1.3 million six years later. As for female golfers, the numbers are substantially lower, yet still impressive with almost 500,000 women reporting playing golf in 1998. Almost 60% of golfers reported playing once or twice a week, and another 20% reported playing 3 or more times a week during the golfing season.

Hockey ranked second among the most popular sports in 1998. One and a half million adult Canadians (6.2% of the population) reported playing hockey, showing little change from the 1.4 million (6.4%) reporting in 1992. As expected, males made up 96% of those playing hockey. Baseball (5.5%) and swimming (4.6%) ranked in third and fourth place.

Snowboarding and in-line skating were two of the newest sports added to the 1998 survey. Approximately 81,000 Canadians reported snowboarding in that year and 70,000 reported in-line skating, together these two sports represent less than 1% of the adult population.

Golf, hockey, baseball and swimming (in descending order) were by far the sports most frequently reported by adult Canadians in 1998. In comparison, the sports of choice back in 1992 were hockey, downhill skiing, swimming and golf. The increasing cost of ski equipment, lift passes and transportation may help explain the decrease in popularity of this sport.

Canadians tend to adopt the type of sport activity that integrates well into their daily lives. Sports that are relatively unstructured, that can be done either inside or outside facilities, and that fit most schedules are the sports most likely to be pursued on a regular basis.

---

[11]   Respondents may indicate participating in more than one sport.

5.2   Men and Women prefer different sports

Swimming, golf, baseball and volleyball are the sports of choice for women 15 years and older, while men prefer hockey, golf, baseball or basketball.

Interesting regional patterns were observed when it comes to sport preferences. Hockey ranked as the top sport among residents in the Atlantic Provinces, while golf was by far the sport of choice in both the Prairies and in British Columbia. Ontarians were equally active in three sports: golf, hockey and baseball, while residents of Quebec preferred swimming followed by golf and hockey.

Table 5.

Most Played Sports* by Canadians (aged 15 and older), 1998

	Total	Male	Female	Overall Participation Rate (1)	Active Participation Rate (2)	Active Male Rate	Active Female Rate
Population				24,260	8,309	5,140	3,169
(aged 15 and older)	000s	000s	000s	%	%	%	%
Golf	1,802	1,325	476	7.4	21.7	25.8	15.0
Hockey (ice)	1,499	1,435	65	6.2	18.0	27.9	2.1
Baseball	1,339	953	386	5.5	16.1	18.5	12.2
Swimming	1,120	432	688	4.6	13.5	8.4	21.7
Basketball	787	550	237	3.2	9.5	10.7	7.5
Volleyball	744	394	350	3.1	9.0	7.7	11.0
Soccer	739	550	189	3.0	8.9	10.7	6.0
Tennis	658	434	224	2.7	7.9	8.4	7.1
Skiing (downhill)	657	342	315	2.7	7.9	6.7	9.9
Cycling	608	358	250	2.5	7.3	7.0	7.9
Skiing (cross-country)	512	208	304	2.1	6.2	4.0	9.6
Weightlifting	435	294	140	1.8	5.2	5.7	4.4
Badminton	403	199	204	1.7	4.9	3.9	6.4
Football	387	347	40	1.6	4.7	6.8	1.3
Curling	312	179	133	1.3	3.8	3.5	4.2
Bowling (10 pin)	282	132	150	1.2	3.4	2.6	4.7
Bowling (5 pin)	200	79	122	0.8	2.4	1.5	3.8
Softball	210	118	92	0.9	2.5	2.3	2.9
Squash	163	x	x	0.7	2.0	x	x
Karate	129	81	48	0.5	1.6	1.6	1.5
Figure skating	121	46	75	0.5	1.5	0.9	2.4
Rugby	104	x	x	0.4	1.3	x	x
Ball hockey	91	x	x	0.4	1.1	x	x
Snowboarding	81	x	x	0.3	1.0	x	x
Water skiing	79	x	x	0.3	1.0	x	x
In-line skating	70	x	x	0.3	0.8	x	x
Racketball	58	x	x	0.2	0.7	x	x
other	323	219	104	1.3	3.9	4.3	3.3

*   Respondents may report participating in more than one sport.

(1) The percentage is calculated using the total Canadian population aged 15 and older.

(2) The percentage is calculated over the population participating in at least one sport – the 'Active population'.

Source: Statistics Canada, General Social Survey, 1998

6.0   Sport Participation by Other Household Members

Sport involvement on the part of one person in the household seems to encourage others in the household to follow suit. When asked if anyone else in the household participated in sport, 8.3 million adult Canadians or 34% answered yes. Sixty percent reported that one other household member was involved in sport, 30% reported two others, and only 10 % reported that three or more other household members were involved in sport.

Studies have shown that children and adolescents with physically active parents tend to be more active than children with inactive parents. Early exposure to regular physical activity and sport is an essential early childhood learning experience. It is believed that active participation in sport plays a role in the optimal growth and development of children. It aids in building co-ordination, a positive self-image, helps build concentration thus improves learning, and helps children to co-operate and share with others.

6.1   Just over half of children aged 5-14 participated in sport [12]

Just over half (54%) of Canadian children aged 5-14 were actively involved in sport.

Despite the significant advantages of regularly participating in sport, the latest GSS data show that just over half (54%) of the estimated 4.1 million Canadian children aged 5 -14 were active in sport[13]. Why are more of our children not actively involved? Perhaps the attraction of information technology is to blame as video games, computers and the Internet move into our homes at an exceedingly rapid pace, attracting large numbers of our young people. Also playing a role is the lack of free time on the part of kids, who are busy with school work and extracurricular activities, and on the part of their parents who have less time to chauffeur them to and from practices and games.

---

[12]   This section on children's (aged 5 to 14) involvement in sport derives much of its information from an upcoming article entitled *A Family Affair: Children's Participation in Sports*, by F. Kremarik in Canadian Social Trends, Autumn 2000, Statistics Canada, Cat. No.11-008.

[13]   The number of children participating in sport may be an undercount since information on kids was collected from respondents (aged 15+) speaking on behalf of up to 4 other household members. Thus, participation of kids in large families may not have been entirely reported.

6.2   Girls less active in sport than boys

Girls tend to be less active in sport than boys. In the past, our society fostered the belief that participation in sport was not as important for girls as it was for boys. Girls were perceived as not having the co-ordination, confidence, strength, speed, nor interest in competing in sports. Thus girls were not encouraged to participate. The 1998 GSS figures reveal that perhaps some of these perceptions persist today. While 61% of boys between the age of 5-14 are active in sport, the corresponding figure for girls was 48%.

6.3   Soccer Most Popular Sport Among 5 - 14 year olds

Soccer, swimming, hockey and baseball were the most popular sports among active 5 to 14 year olds. Soccer was reported as the game of choice for an estimated 3 in 10 (31%) active children, tied for second place were swimming and hockey at 24% each, followed by baseball (22%).

Differences exist between boys and girls and the sports they choose to play. Hockey topped the list for active boys, while girls preferred swimming. Interestingly, after this initial preference, both boys and girls chose identical sports listing soccer in second place, followed by baseball and then basketball.

Table 6.

Most Practised Sports* by Children (aged 5 to 14), 1998			
	Active Kid **Participation Rate** %	**Active Boy** **Rate (1)** %	**Active Girl** **Rate (2)** %
Soccer	31.4	34.4	27.7
Swimming	23.6	18.8	29.9
Hockey (ice)	23.6	37.4	5.7
Baseball	21.9	25.7	16.9
Basketball	13.1	12.4	14.1
Skiing (downhill)	7.2	6.3	8.3
Figure Skating	5.8	x	x
Karate	5.5	6.5	4.1
Volleyball	5.2	3.1	8.1

* Respondents may report participation in more than one sport per child.

(1) The percentage is calculated over the population participating in at least one sport - the 'Active population.'

Source: General Social Survey, 1998

6.4 Family Income Key to Children's Involvement in Sport

Family income is key to children's involvement in sport. Children from households with earnings under $40,000 were less active in sport, compared to those from households earning over $80,000.

A recent Canadian study suggests that income is a barrier to sport participation for children from households in lower income groups.[14] Data from the 1998 General Social Survey also seem to support this theory. Almost three-quarters (73%) of children from households with earnings of $80,000 or more were active in sport, compared with 49% of those from households earning less than $40,000. Specifically, children from homes with incomes under $40,000 were more likely to be involved in relatively inexpensive sports such as baseball, while kids from higher income households were more likely to be downhill skiers and swimmers.

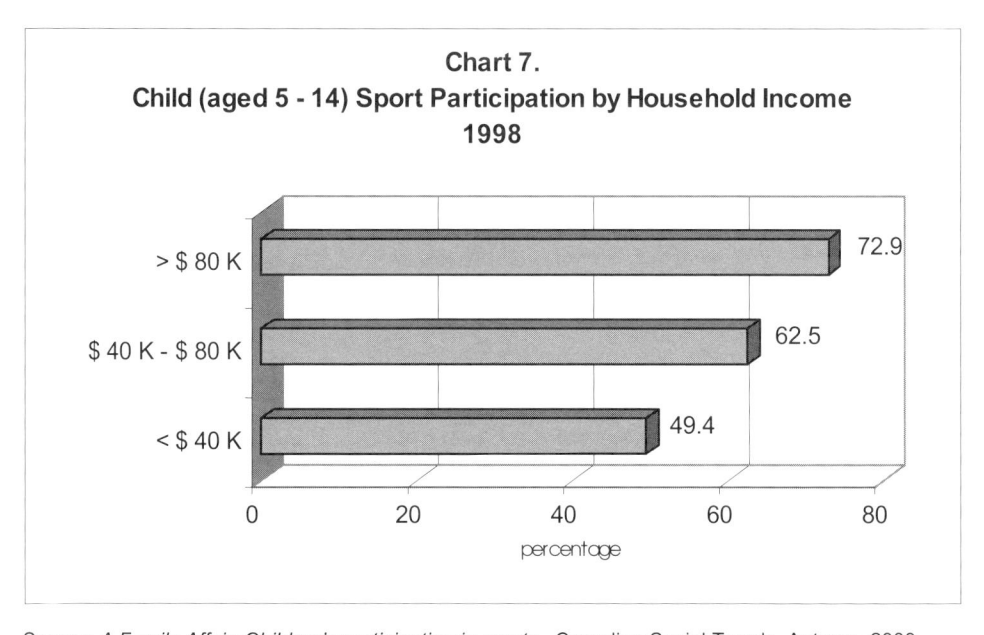

Chart 7.
Child (aged 5 - 14) Sport Participation by Household Income
1998

Source: *A Family Affair: Children's participation in sports.* Canadian Social Trends, Autumn, 2000.

6.5 Parent as Role Model

While parental involvement in sport tends to encourage their children to also partake, it does not seem to matter which parent is involved– mother or father. In two-parent households where the father was actively involved in sport, either as an active participant or in an administrative capacity, 66% of children participated in organized sport. In households where the mother was the active parent, the rate was just over 64%.

---

[14] Offord, D., E. Lipman and E. Duku. 1998. *Sports, the Arts and Community Programs: Rates and Correlates of Participation.* Ottawa: Human Resources Development Canada.

The rate of children's sport participation did differ, however, depending upon the degree to which a parent was involved in amateur sport. Almost two-thirds of active kids (1.5 million) had at least one parent actively involved in organized sport in one way or another. Most often, parents actively participated themselves, others helped in an administrative capacity or both. That is, two-thirds (65%) of children with at least one active parent were themselves involved in sport. When at least one parent helped in an administrative capacity, the child participation rate jumped to 83%. And where parents were both active themselves and helped with the administration, the child participation rate increased to 86%. By contract, where neither parent was involved in amateur sport, the proportion of children active in sport was 36%.

It is interesting to note that no great differences were found between child participation rates and whether parents played sports themselves and helped with the administration (86%), or whether parents solely helped with the administration (83%). Perhaps this can be explained by the tendency of many parents to volunteer their time as coach, referee or administrator in the very sports in which their children are involved.

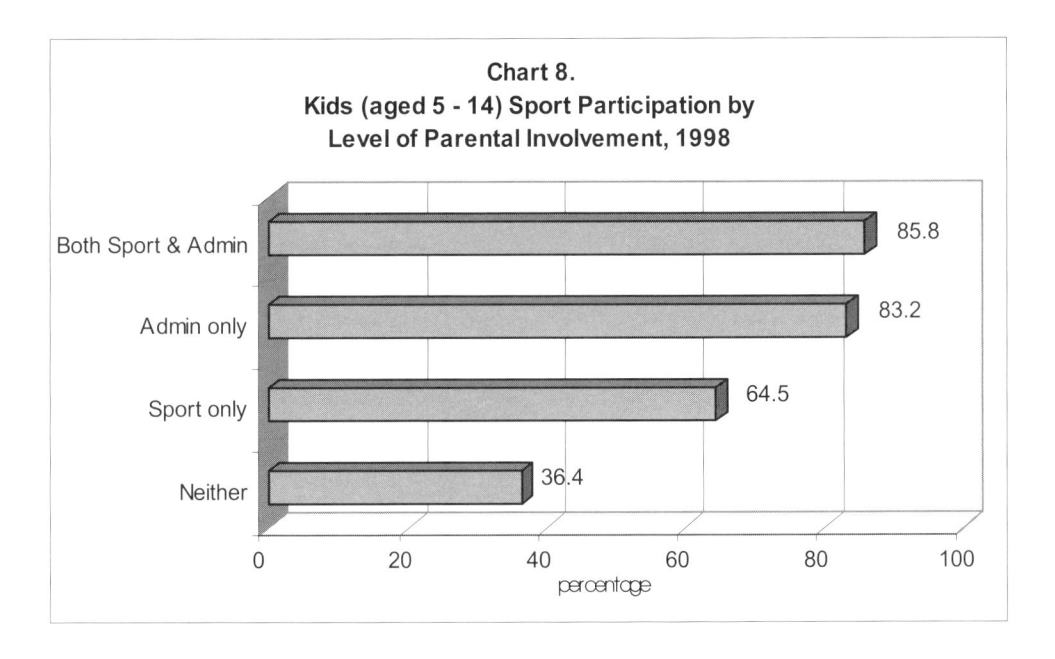

Chart 8.
Kids (aged 5 - 14) Sport Participation by
Level of Parental Involvement, 1998

Source: *A Family Affair: Children's participation in sports.* Canadian Social Trends, Autumn, 2000.
Catalogue No. 11-008.

One might expect that family structure may have an impact on children's participation in sport given that it is probably easier for a 2-parent household to share the responsibilities of transportation and cost compared to a single parent household. In fact, participation rates for children from 2-parent versus single-parent families were not very different (54% and 53% respectively).

Investigating a little deeper, we find that differences are observed when we look at levels of parental involvement for single versus 2-parent families. Children from single-parent households showed consistently higher sport participation rates when a parent was also involved in sport in one capacity or another. Nearly 100% of kids from single-parent families played sports when a parent was either active themselves or helped with administration versus 85% of kids from 2-parent households.

The importance of cultivating the next generation of sport participants, athletes, and coaches is integral to the survival of amateur sport. Sport offers children of all ages the opportunity to participate in co-operative, active, enjoyable activities, and in so doing they gain positive life experiences which can only benefit our young people.

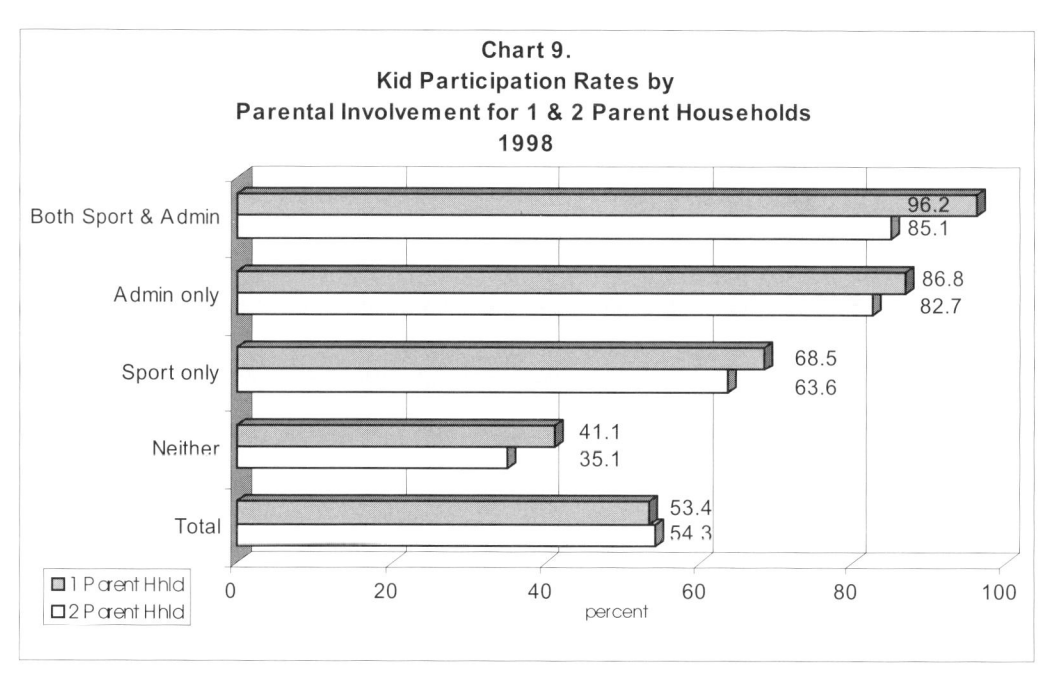

Source: *A Family Affair: Children's participation in sports.* Canadian Social Trends, Autumn, 2000. Catalogue No. 11-008.

Sport Participation in Canada - 1998

7.0   Belonging to Sport Clubs and/or Community Leagues on the Rise

In 1998, 19% of all Canadians (aged 15 and older) reported belonging to a club, a local community league or other local or regional amateur sport organization (20% males, 18% females), up 4 percentage points from the 15% belonging to sport clubs or leagues in 1992 (20% males, 12% females).

Over half (55%) of active Canadians belonged to a local club, community league or other local amateur sport organization in 1998.

When looking only at 'Active' Canadians, that is, those reporting regular participation in sport, we find that over half (55%) belonged to a local club or community league in 1998. This represents a substantial (20 percentage point) increase in the proportion of active Canadians belonging to sport clubs over 1992 (34%).

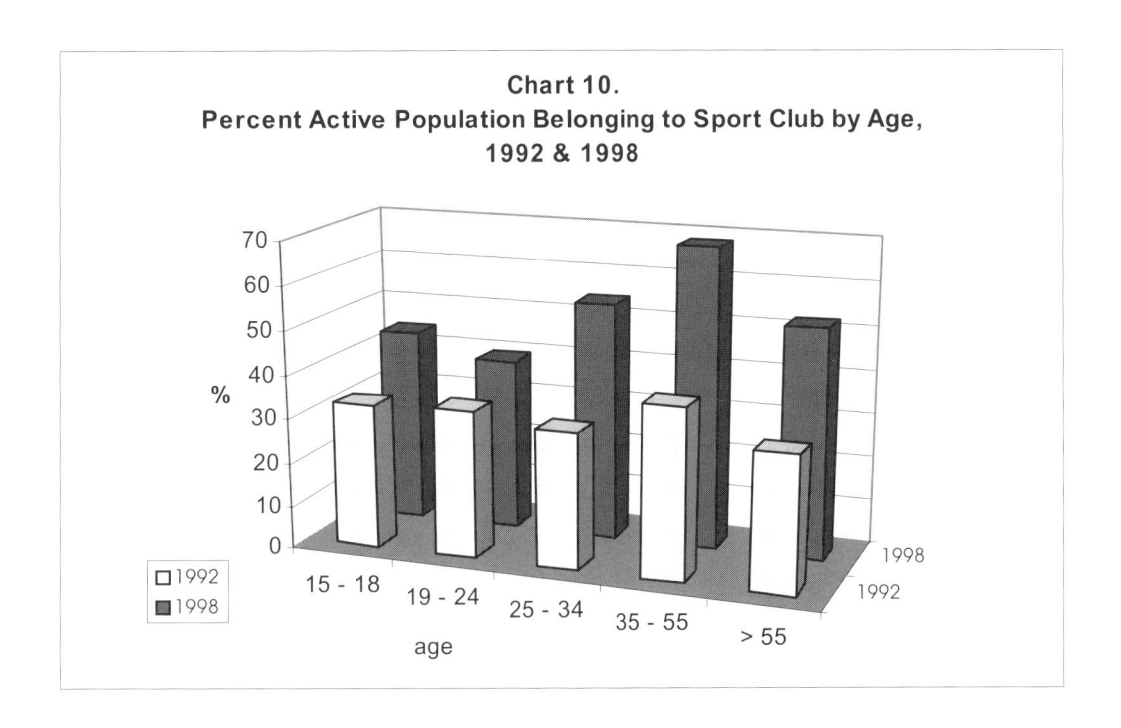

	15 - 18	19 - 24	25 - 34	35 - 54	> 55
1998	44.1	29.2	54.1	68.5	52.4
1992	32.7	33.6	31	38.8	31

Source: Statistics Canada, General Social Survey, 1992 and 1998

7.1 Surge in Women Belonging to Sport Clubs

There is a surge in women belonging to sport clubs. In 1998 almost three-quarters (71%) of active females belonged.

The real difference lies in the proportion of women belonging to sport clubs/leagues. While nearly half (46%) of active males belonged to a sport club or community league in 1998, almost three-quarters (71%) of active females belonged. Furthermore, the data indicate that 8 out of 10 active women between 25-34, and nearly all active women aged 35-54 (93%) belonged to sport clubs in 1998.

Why this surge in women belonging to sport clubs and community leagues? Perhaps women, more so than men, are seeking partners to play sports with, thus joining a sport club or league is a source of many worthy opponents. Joining a community league or sport club also provides the guidance, expertise and incentives required to learn new sports or to improve ones game.

7.2 More 35-54 year-olds belonging to Sport Clubs

Another notable trend in sport club/community league membership is the concentration of particular age groups. Active Canadians between 35-54 years of age represented nearly 40% of the total belonging to local clubs or leagues in 1992. By 1998, the rate of belonging to leagues increased for all ages, but especially for this age group. The largest surge occurred in the 35-54 age category increasing 30 percentage points (from approximately 40% to 70%) from 1992 to 1998. Other age groups also showed increases in rates of belonging to clubs/leagues although at lower rates. Both 25-34 year olds and persons aged 55 and older reported increases in the proportion belonging to sport clubs (increases of 23 and 21 percentage points respectively).

7.3 Club/League Membership Increases with Education and Income

The likelihood of belonging to a sport club /community league increases as the level of education rises. This pattern held true in both 1992 and again in 1998. In 1992, the proportion of active Canadians belonging to sport clubs ranged from a low of 29% for those with some secondary schooling or less, to a high of 42% of persons holding a university degree. By 1998, the proportion of active persons from each education category belonging to sport clubs increased by an average of 20 percentage points. The greatest increase in belonging to leagues occurred among persons with some college/ some trade school or with high school diplomas, this category increased 26 percentage points between 1992 and 1998.

A similar pattern emerges when looking at club membership and household income – with the rate of belonging to clubs/leagues increasing with increases in household income.

7.4   Anglophones most likely to belong to sport clubs/community leagues

In 1992, little difference was reported between the proportion of active Anglophones (35%), Francophones (34%) and Allophones (other than English or French) (31%) and their likelihood of belonging to sport clubs or community leagues. Canadians speaking multiple languages were the ones reporting the highest rate of belonging to sport clubs/ community leagues at almost 50 percent.

By 1998, we see a different picture altogether. The proportion of English-speaking active Canadians belonging to clubs/leagues soared from over one-third (35%) in 1992 to almost two-thirds (61%) in 1998 – ranking as the linguistic group with the highest proportion of club membership. Active Francophones and active persons speaking multiple languages followed with 50 percent reporting belonging to clubs/community leagues. Active Allophones (persons speaking neither French nor English) reported the lowest rate of belonging to clubs/community leagues, yet still quite high at 45%.

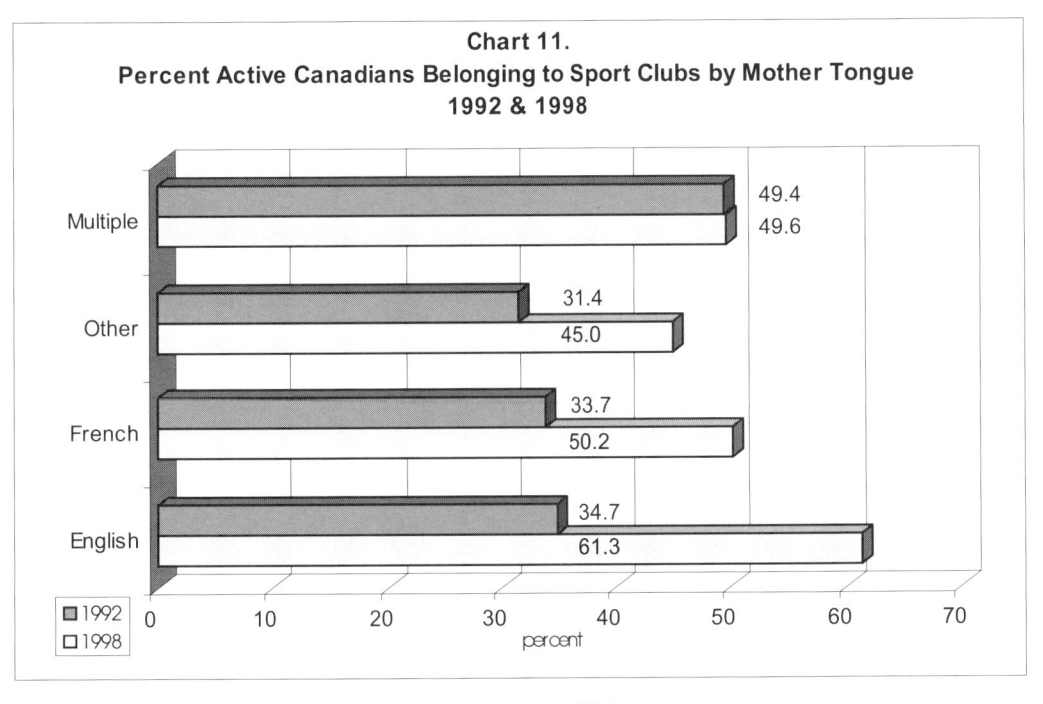

Chart 11.
Percent Active Canadians Belonging to Sport Clubs by Mother Tongue
1992 & 1998

Source: Statistics Canada, General Social Survey, 1992 and 1998

7.5   Belonging to Clubs or Local Leagues by Selected Sports

Table 7 shows the rate of Canadians belonging to sport clubs or community leagues for selected sports by sex. The first set of rates indicate the proportion of all adult Canadians who belong to clubs by specific sport during the previous 12 months. The second set of rates show the proportion of active men and women who belong to clubs or leagues for selected sports. Of Canadians who curl, over one-half (54%) belonged to a sport club or league. Similarly, one-half of adults who bowl belonged to a club or league, and hockey ranked third at 43%. The sport showing the lowest rate of belonging to sport clubs / local leagues by its participants was basketball at 24%.

Table 7.

Canadians (15 years and older) Belonging to Sport Clubs / Community Leagues by Sport* by Sex, 1998

	Number Belonging to Clubs			Rate of Belonging to Clubs			Active Club Participation Rate		
	Total	Male	Female	Total	Male	Female	Active Total	Active Males	Active Female
	000s	000s	000s	%	%	%	Total %	Males %	Female %
Population 15 years and older	24,260	11,937	12,323						
Total	4,599	2,338	2,261	19.0	19.6	18.3	55.3	45.5	71.3
Hockey (ice)	641	x	x	2.6	5.1	0.3	42.8	42.4	49.2
Golf	734	511	223	3.0	4.3	1.8	40.7	38.6	46.8
Baseball	542	373	169	2.2	3.1	1.4	40.5	39.1	43.8
Volleyball	262	133	129	1.1	1.1	1.0	35.2	33.8	36.9
Soccer	294	215	80	1.2	1.8	0.6	39.8	39.1	42.3
Basketball	188	136	52	0.8	1.1	0.4	23.9	24.7	21.9
Tennis	266	174	92	1.1	1.5	0.7	40.4	40.1	41.1
Football	128	x	x	0.5	1.0	0.1	33.1	34.0	25.0
Swimming	362	139	224	1.5	1.2	1.8	32.3	32.2	32.6
Curling	167	83	84	0.7	0.7	0.7	53.5	46.4	63.2
Skiing, downhill/alpine	257	125	132	1.1	1.0	1.1	39.1	36.5	41.9
Cycling	207	129	78	0.9	1.1	0.6	34.0	36.0	31.2
Badminton	167	90	77	0.7	0.8	0.6	41.4	15.2	37.7
Weightlifting	181	137	44	0.7	1.1	0.4	41.6	46.6	31.4
Bowling, 10 pin	139	63	77	0.6	0.5	0.6	49.3	47.7	51.3
Softball	87	40	47	0.4	0.3	0.4	41.4	33.9	51.1
Skiing, cross-country	192	89	103	0.8	0.7	0.8	37.5	42.8	33.9

* Persons may report participating in more than one sport.

Estimates under 35,000 are not reliable and have been suppressed.

Estimates are rounded to the nearest thousand. Totals may not add due to rounding.

Source: Statistics Canada, General Social Survey, 1998

Table 8.

Profile of Canadians (15 years and older) who Belong to Sport Clubs*, 1998								
	Total			**Male**			**Female**		
	000s	TP %	Active TP %	000s	MP %	Active MP %	000s	FP %	Active FP %
Total	4,599	19.0	55.4	2,338	19.6	45.5	2,261	18.4	71.4
Age group									
15-18	494	30.1	44.1	288	33.5	41.9	206	26.3	47.6
19-24	484	20.0	39.2	249	20.6	32.7	235	19.5	49.5
25-34	963	20.9	54.1	445	19.2	39.7	518	22.6	78.5
35-54	2,012	21.5	68.5	1,004	21.4	54.2	1,008	21.6	92.9
55+	647	10.4	52.4	352	12.3	49.0	294	8.7	57.0
Level of education									
Some secondary or less	844	13.4	47.1	473	15.3	42.4	371	11.6	54.7
Some college/trade/high school	1,199	19.8	58.5	570	20.0	45.2	628	19.6	79.9
Diploma/some University	1,438	23.2	57.0	664	22.5	43.4	774	23.9	77.9
University degree	1,105	27.0	58.1	623	27.3	51.5	481	26.5	69.7
Family income									
Less than $20,000	218	9.4	37.5	65	7.0	23.5	152	11.1	50.3
$20,000 to $29,999	201	11.0	41.9	98	11.8	35.9	102	10.3	49.8
$30,000 to $49,999	841	19.7	57.4	392	19.3	46.1	449	20.1	72.9
$50,000 to $79,999	1,168	26.4	63.7	592	24.5	47.0	576	28.7	100.6
$80,000 or more	1,010	31.9	63.0	610	30.8	53.7	400	33.7	85.8
Province of residence									
Newfoundland	84	18.8	70.6	41	18.7	53.1	43	18.8	106.5
Prince Edward Island	29	27.0	106.9	15	29.3	89.7	14	24.7	151.2
Nova Scotia	201	26.4	81.1	109	29.4	67.4	92	23.5	105.6
New Brunswick	137	22.4	70.7	64	21.4	55.9	73	23.4	93.5
Quebec	1,088	18.1	47.6	521	17.7	39.2	568	18.5	59.2
Ontario	1,718	18.7	58.8	896	19.9	48.1	822	17.6	77.5
Manitoba	142	15.9	53.7	65	14.8	40.1	77	17.0	75.6
Saskatchewan	139	17.6	52.0	74	19.0	41.7	65	16.3	72.1
Alberta	511	22.6	61.3	276	24.4	51.9	235	20.8	78.1
British Columbia	550	17.2	48.0	276	17.5	39.2	274	16.9	62.0
Labour force participation									
Full time	2,631	23.1	57.9	1,573	22.8	48.4	1,057	23.6	81.7
Part time	387	24.0	71.9	88	24.1	50.5	300	24.0	82.3
Student with/without	626	26.4	41.3	333	27.7	36.3	293	25.1	48.9
Not in labour force	864	12.8	55.3	303	12.3	41.3	561	13.1	67.6
Mother tongue									
English only	2,663	23.4	61.3	1,352	23.8	48.9	1,311	23.0	83.0
French only	796	18.4	50.2	363	18.0	39.9	434	18.8	64.0
Other only	279	11.8	45.0	165	13.6	40.2	114	9.9	54.5
Multiple languages	852	20.5	49.6	449	21.8	43.7	403	19.2	58.5

* Sport club includes sport clubs, local community leagues or other local/regional amateur sport organizations.

The participation rate is calculated using total Canadian population 15 years + for each designated category.

Note: Some percentages are greater than 100%. This may indicate that respondents still belong to a sport club/ community league but are no longer active.

TP% = percentage of total pop.   MP% = percentage of male pop.   FP% = percentage of female pop.

Source: General Social Survey, 1998

8.0   Competitions and/or Tournaments

8.1   Fewer Canadians Competing

Of Active Canadians, just over one-third (36%) competed in competitions or tournaments in 1998, comparable to the proportion competing in 1992 (33%).

Of the 8.3 million Canadians participating in sport in 1998, approximately 3 million, or 12% of adult Canadians competed in competitions or tournaments, down 2.5 percentage points from the 15% competing in 1992. If we look only at those Canadians who are regularly active in sport, we find that just over one-third (36%) competed in competitions/tournaments in 1998, comparable to the 33% competing in 1992.

8.2   More Men than Women Involved in Competitions/ Tournaments

A gender gap exists in competing in sporting events: Of the 3 million Canadians competing, over two-thirds were men.

A gender gap exists when it comes to competing in sporting events. Of the 3 million Canadians competing, over two-thirds were men. Since a greater proportion of men tend to participate in sport in the first place, one needs to control for the active population by sex to derive comparable data. When looking only at active Canadians, the data indicate that 40% of active males competed in competitions or tournaments compared to 29% of active females – a difference of 11 percentage points between the sexes.

Another noteworthy observation is the increase in the rate of active females competing in competitions and/or tournaments between 1992 and 1998. While 24% of active females took part in competitions or tournaments in 1992, this figure increased to 29% in 1998 – an increase of 5 percentage points, little change was reported in the proportion of active men competing over the same time frame.

8.3   Young Canadians Compete

Young active Canadians between the ages of 15-18 competed in greater proportion than any other age group.

Young active Canadians aged 15-18 competed in greater proportion than any other age group. In 1998, 6 out of 10 active young adults between 15 -18 years of age engaged in competitions. The proportion of active Canadians competing in sporting events decreases rather dramatically after the age of 19, averaging at approximately 30%.

Since it tends to be young people who are competing in competitions, levels of education are reflective of their age – that is, the highest proportion of competitors are still in school, either in high school, college or trade school.

The labour force status of competitors also reflects their young age. Being young, the bulk of competitors are students, either with or without employment. English-speaking active Canadians are more likely to compete in competitions or tournaments (43%) than persons of other linguistic profiles.

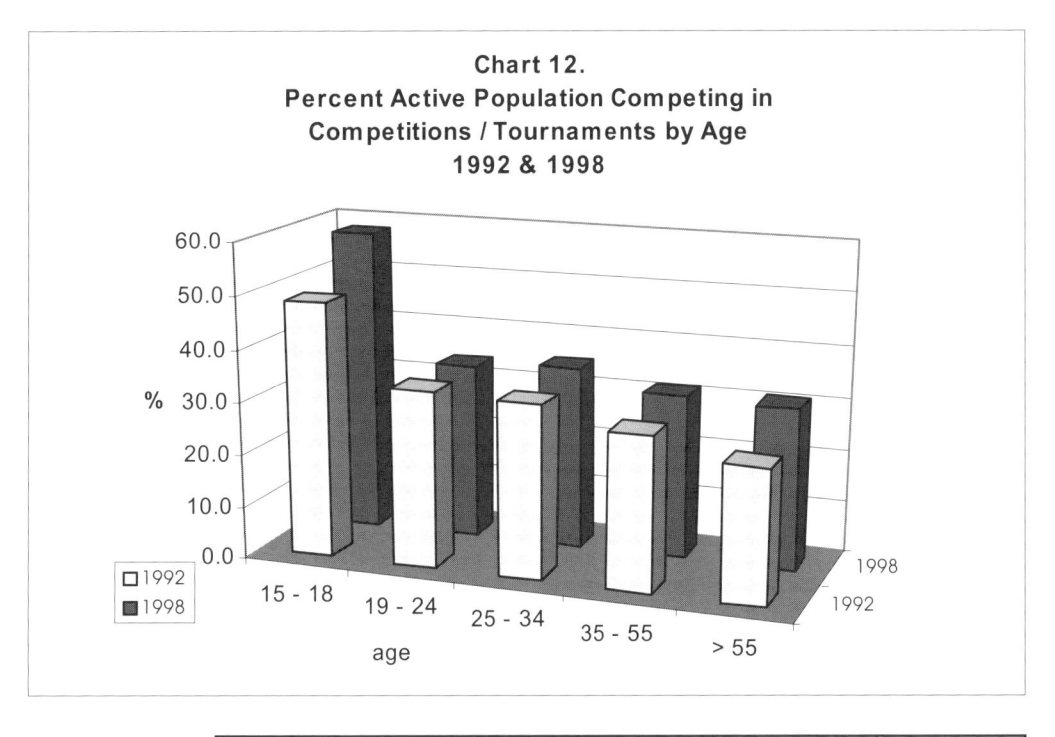

Chart 12.
Percent Active Population Competing in
Competitions / Tournaments by Age
1992 & 1998

	15 - 18	19 - 24	25 - 34	35 - 54	> 55
1998	58.1	33.7	34.9	31.4	30.8
1992	48.7	33.8	33.0	29.4	25.5

Source: Statistics Canada, General Social Survey, 1992 and 1998

8.4 Competitions and Tournaments for Selected Sports

Table 9 shows two sets of participation rates for those Canadians competing in competitions and/or tournaments for selected sports by sex. The first set of rates indicate the proportion of <u>all</u> adult Canadians who competed in a specific sport during the previous 12 months. For example, almost 7% of adult males competed in hockey in 1998. The second set of rates show the proportion of <u>active</u> men and women who participated in tournaments or competitions for selected sports.

Curling was the sport showing the highest rate of competitions/ tournaments among adult Canadians who curl. Almost 7 in 10 adults who curled also competed in tournaments. Softball came second at almost 6 in 10 (58%), followed by hockey (55%), football (55%) and volleyball (54%). The sports showing the lowest rate of competition among its participants was swimming at less than 2 in 10 participants competing (18%), and cross-country skiing (21%).

Table 9.

Participation by Canadians (15 years and older) in Competitions or Tournaments* by Sport and Sex, 1998

	Number Participating in Tournaments			Tournament Participation Rate			Active Tournament Participation Rate		
	Total	Male	Female	Total	Male	Female	Active Total	Active Males	Active Female
	000s	000s	000s	%	%	%	%	%	%
Population 15 years and older	24,260	11,93	12,323						
	2,992	**2,076**	**916**	**12.3**	**17.4**	**7.4**	**36.0**	**40.4**	**28.9**
Hockey (ice)	830	785	44	3.4	6.6	0.4	55.3	54.7	67.7
Golf	822	625	198	3.4	5.2	1.6	45.6	47.2	41.6
Baseball	693	512	182	2.9	4.3	1.5	51.8	53.7	47.2
Volleyball	399	212	187	1.6	1.8	1.5	53.7	53.8	53.4
Soccer	391	293	97	1.6	2.5	0.8	52.8	53.3	51.3
Basketball	350	242	108	1.4	2.0	0.9	44.5	44.0	45.6
Tennis	226	166	60	0.9	1.4	0.5	34.3	38.2	26.8
Football	212	181	31	0.9	1.5	0.3	54.9	52.2	77.5
Swimming	207	124	83	0.9	1.0	0.7	18.4	28.7	12.1
Curling	205	123	82	0.8	1.0	0.7	65.6	68.7	61.7
Skiing, downhill/alpine	196	133	64	0.8	1.1	0.5	29.9	38.9	20.3
Cycling	147	109	39	0.6	0.9	0.3	24.2	30.4	15.6
Badminton	144	83	61	0.6	0.7	0.5	35.7	41.7	29.9
Weightlifting	129	x	x	0.5	x	x	29.6	x	x
Bowling, 10 pin	124	66	57	0.5	0.6	0.5	43.9	50.0	38.0
Softball	122	70	51	0.5	0.6	0.4	57.9	59.3	55.4
Skiing, cross-country/nordic	106	62	44	0.4	0.5	0.4	20.8	29.8	14.5

*Persons may report participating and/or competing in more than one sport.

Estimates are rounded to the nearest thousand.

Totals may not add due to rounding.

Source: Statistics Canada, General Social Survey, 1998

Table 10.

Profile of Canadians (aged 15 and older) who participated in Competitions or Tournaments, 1998								
	Total			Male			Female	
			Active			Active			Active
	000s	TP %	TP %	000s	MP %	MP %	000s	FP %	FP %
Total	2,992	12.3	36.0	2,076	17.4	40.4	916	7.4	28.9
Age group									
15-18	652	39.6	58.1	433	50.3	62.9	219	27.9	50.6
19-24	417	17.3	33.7	292	24.2	38.4	125	10.4	26.4
25-34	622	13.5	34.9	445	19.2	39.7	177	7.7	26.8
35-54	922	9.9	31.4	665	14.2	35.9	257	5.5	23.7
55 and over	380	6.1	30.8	242	8.5	33.7	137	4.1	26.6
Level of education									
Some secondary or less	797	12.7	44.4	529	17.1	47.4	268	8.4	39.5
Some college/ trade/high school	787	13.0	38.4	597	21.0	47.3	190	5.9	24.2
Diploma/some University	860	13.9	34.1	551	18.6	36.0	309	9.5	31.1
University degree	540	13.2	28.4	391	17.2	32.3	149	8.2	21.5
Family income									
Less than $20,000	159	6.9	27.4	73	7.8	26.1	87	6.3	28.6
$20,000 to $29,999	141	7.7	29.4	87	10.5	31.8	53	5.4	26.0
$30,000 to $49,999	473	11.1	32.3	325	16.0	38.2	148	6.6	24.0
$50,000 to $79,999	682	15.4	37.2	485	20.1	38.5	196	9.8	34.3
$80,000 or more	629	19.9	39.3	513	25.9	45.1	116	9.8	24.9
Province of residence									
Newfoundland	51	11.5	43.2	37	16.6	47.1	15	6.5	36.7
Prince Edward Island	15	14.5	57.3	x	x	x	x	x	x
Nova Scotia	119	15.7	48.2	86	23.2	53.2	33	8.5	38.3
New Brunswick	83	13.5	42.6	48	15.9	41.7	35	11.1	44.4
Quebec	565	9.4	24.7	371	12.6	27.9	194	6.3	20.2
Ontario	1,12	12.3	38.6	847	18.8	45.5	281	6.0	26.5
Manitoba	102	11.5	38.6	69	15.6	42.1	34	7.4	32.9
Saskatchewan	131	16.7	49.1	94	24.2	53.2	37	9.3	41.1
Alberta	369	16.3	44.3	242	21.4	45.6	127	11.2	42.2
British Columbia	427	13.3	37.2	270	17.1	38.3	157	9.7	35.5
Labour force participation									
Full time	1,63	14.3	36.0	1,268	18.4	39.0	366	8.2	28.3
Part time	143	8.9	26.6	63	17.3	36.3	80	6.4	22.0
Student with/without employment	738	31.2	48.7	491	40.8	53.5	247	21.2	41.3
Not in labour force	411	6.1	26.3	215	8.8	29.4	196	4.6	23.6
Mother tongue									
English only	1,85	16.3	42.7	1,302	23.0	47.1	554	9.7	35.1
French only	378	8.7	23.8	240	11.9	26.4	138	6.0	20.4
Other only	173	7.3	27.9	x	x	x	x	x	x
Multiple languages	582	14.0	33.9	384	18.6	37.3	198	9.4	28.7

Estimates are rounded to the nearest thousand. Totals may not add due to rounding.

TP% = percentage of total pop.   MP% = percentage of male pop.   FP% = percentage of female pop.

* Only replies with estimates of 35,000 or more are indicated.

Source: Statistics Canada, General Social Survey, 1998

9.0   Involvement in Amateur Sport as a Coach

9.1   More Canadians Coaching, Refereeing and Spectating

Involvement in amateur sport is not limited to active participation in the sport of ones choice. Sport involvement also includes indirect participation as a coach, referee/umpire, administrator/ helper or spectator.

While the observation has been made that fewer adult Canadians are actively engaged in sport, a greater proportion are participating indirectly as coaches, referees and spectators. It seems that a shift may be taking place, a shift away from directly participating in sport towards more indirect involvement in amateur sport. Given that a larger proportion of the population (baby-boomers) is entering the child-rearing phase of their life cycle, it may be said that more adults are getting involved in their children's pursuit of amateur sport. This shift may be a reflection of a number of factors including less leisure time for the pursuit of sport, increasing parental responsibilities and/or economic pressures.

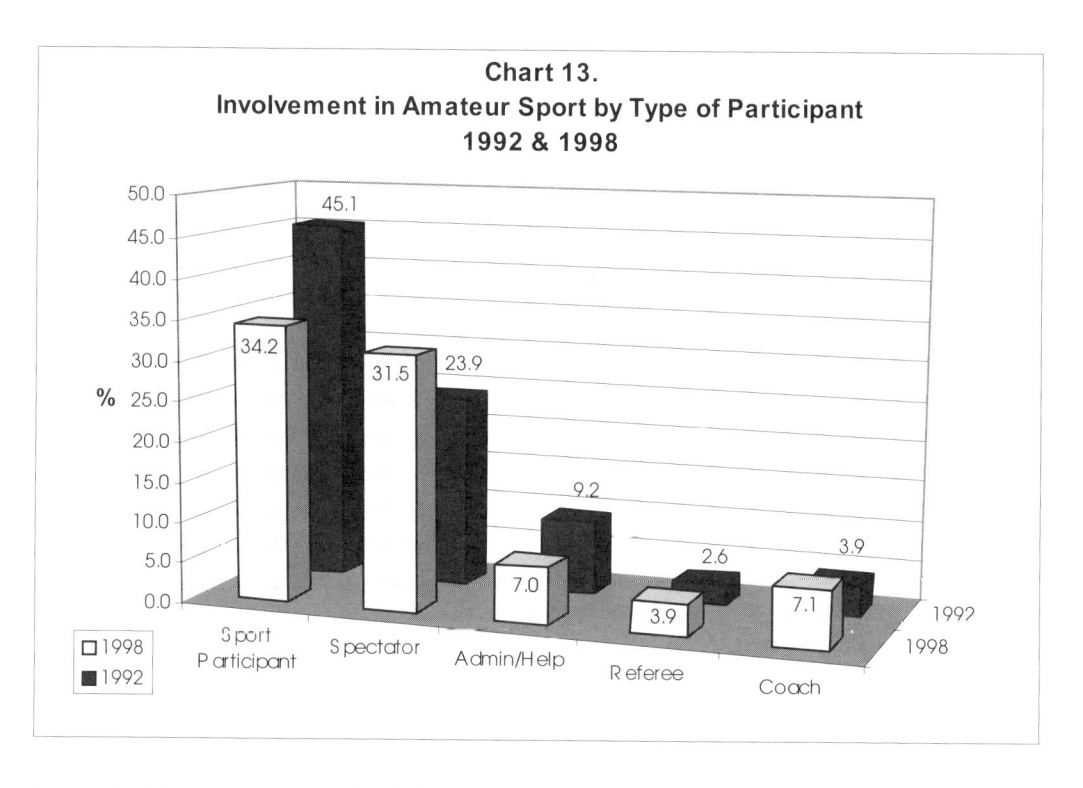

Chart 13.
Involvement in Amateur Sport by Type of Participant
1992 & 1998

Source: Statistics Canada, General Social Survey, 1992 and 1998

9.2   Coaching Amateur Sport Doubles

The number of Canadians coaching amateur sport doubled between 1992 and 1998.

Canada's sport infrastructure relies to a great extent on the input of thousands of volunteers. Countless men and women of all ages dedicate their time and energy to supporting the organization of amateur sport, to coaching and to its continuation in their communities. The number of Canadians coaching amateur sport doubled from an estimated 840,000 (4%) Canadians in 1992 to 1.7 million (7%) in 1998. This increase took place across all age groups (with the exception of older Canadians aged 55 plus).

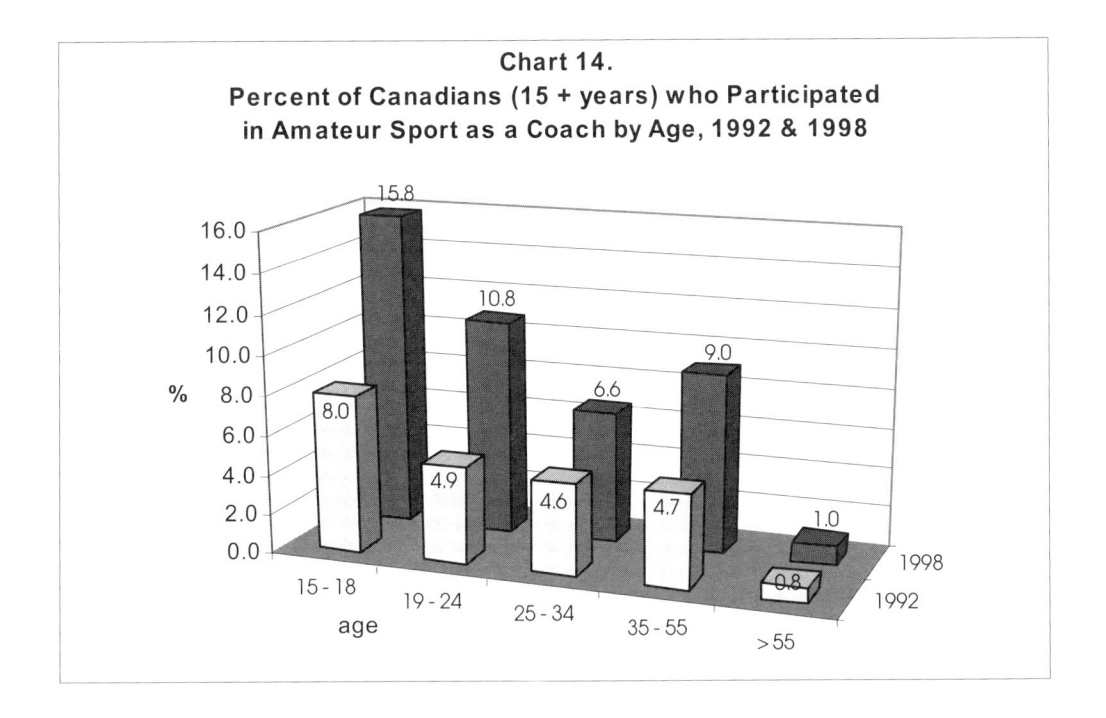

Source: Statistics Canada, General Social Survey, 1992 and 1998

9.3   Increase in Women Coaching

There has been an increase in the number of women taking an interest in coaching, more than tripling between 1992 and 1998.

Male coaches tend to outnumber female coaches, yet not to the extent that one might expect : 56% of coaches were men and 44% were women. Increasingly, more women are showing their support for amateur sport by getting involved albeit indirectly as coaches, referees and spectators. The data reveal a real surge in the number of women taking an interest in coaching over this 6-year span. While approximately 200,000 women (2%) reported coaching in 1992, this figure more than tripled to 766,000 (6%) by 1998.

9.4   Young Adults Coaching Amateur Sport

One would expect that parents are the ones most likely to be involved in coaching. Indeed, the data indicate that almost half of all coaches were between 35 and 54 years of age – a point in ones life when you are likely to be coaching your son's or daughter's soccer or baseball team.

Young adults aged 15-18 were involved in coaching amateur sport at a higher rate than any other age group – over twice the national rate.

However, when you control for age, the data show yet another story (see Chart 14). Relatively speaking, young adults aged 15-18 are involved in coaching at over twice the national rate of 7%). The rate of coaching decreases to 11% for 19-24 year olds, 7% of the 25-34 age group, 9% of 35-54 year olds and only 1% of persons aged 55 and older were involved in coaching.

9.5   Coaching Increases with Higher Education and Income

The likelihood of coaching amateur sport increases with increased levels of education and income. This pattern held true in both 1992 and again in 1998. In 1998, the proportion of Canadians involved in coaching ranged from a low of 5% of those with some secondary schooling or less, doubling to 10% of persons holding a university degree.

A similar pattern emerges when looking at coaching and household income. Less than 2% of respondents with family incomes under $20,000 reported coaching in 1998, this proportion more than triples (7%) when family income increases to $30,000 to 49,000 and doubles again (11%) when family income reaches $50,000 or more.

Table 11.
Profile of Canadians (aged 15 years and older) Participating
in Amateur Sport as a Coach, 1998

	Population	Total 000s	%	Male 000s	%	Female 000s	%
Total	24,260	1,729	7.1	962	8.1	766	6.2
Age group							
15-18	1,644	259	15.8	162	18.9	97	12.4
19-24	2,415	261	10.8	142	11.8	119	9.8
25-34	4,615	306	6.6	176	7.6	130	5.7
35-54	9,353	838	9.0	443	9.5	395	8.5
55 and over	6,233	64	1.0	x	x	x	x
Level of education							
Some secondary or less	6,286	320	5.1	208	6.7	111	3.5
Some college / trade/ high school Diploma	6,057	466	7.7	264	9.3	202	6.3
Diploma/some University	6,201	543	8.8	254	8.6	289	8.9
University degree	4,094	390	9.5	227	9.9	164	9.0
Family income							
Less than $20,000	2,305	43	1.9	x	x	x	x
$20,000 to $29,999	1,828	63	3.4	x	x	x	x
$30,000 to $49,999	4,262	286	6.7	161	8.0	124	5.6
$50,000 to $79,999	4,418	499	11.3	251	10.4	248	12.4
$80,000 or more	3,168	388	12.3	258	13.0	130	11.0
Province of residence							
Newfoundland	447	30	6.7	20	9.0	10	4.4
Prince Edward Island	107	8	7.5	6	11.5	2	3.6
Nova Scotia	761	65	8.6	35	9.3	31	7.9
New Brunswick	613	51	8.3	30	10.0	21	6.7
Quebec	6,006	334	5.6	154	5.2	179	5.9
Ontario	9,184	676	7.4	413	9.2	263	5.6
Manitoba	893	94	10.5	54	12.3	40	8.9
Saskatchewan	787	63	8.0	40	10.3	23	5.8
Alberta	2,261	173	7.6	84	7.5	88	7.8
British Columbia	3,201	235	7.3	125	7.9	110	6.8
Labour force participation							
Full time	11,388	1,029	9.0	624	9.0	405	9.0
Part time	1,615	129	8.0	42	11.6	87	6.9
Student with/without employment	2,368	370	15.6	224	18.7	145	12.5
Not in labour force	6,742	163	2.4	52	2.1	111	2.6
Mother tongue							
English only	11,360	1,061	9.3	587	10.3	475	8.4
French only	4,321	211	4.9	100	5.0	111	4.8
Other only	2,358	89	3.8	x	x	x	x
Multiple languages	4,161	358	8.6	208	10.1	150	7.2

% The participation rate is calculated using the total Canadian population 15 years and older for each designated category.

Estimates are rounded to the nearest thousand. Totals may not add due to rounding.

* Only replies with estimates of 35,000 or more are indicated.

Source: Statistics Canada, General Social Survey, 1998

10.0   Involvement in Amateur Sport as a Referee, Official or Umpire

Adult Canadians involved in amateur sport as a referee, official or umpire increased from 550,000 in 1992 to almost 940,000 in 1998.

The number of adult Canadians involved in amateur sport as referees, officials or umpires increased from an estimated 550,000 in 1992 to almost 940,000 in 1998. Taking population increases into account, this represented nearly 3% of the adult population in 1992 and 4% in 1998.

Male referees, officials and umpires outnumbered females 5 to 1 in 1992. By 1998, the gender gap decreased to a ratio of less than 2 males to 1 female.

The proportion of male referees, officials and umpires outnumbered females 5 to 1 in 1992. By 1998, the gender gap decreases to a ratio of less than 2 male referees to 1 female. Increasingly, more women are showing their support for amateur sport by getting involved as coaches and referees.

As with coaches, most referees, officials or umpires were 15-18 year olds (12%) followed by the 19-24 age group (6%). Less than 3 percent of persons aged 25 and older acted as referees or umpires in 1998.

Participation as a referee/ official or umpire tends to increase with increased levels of education and family income. The data also reveal that the proportion of English-speaking refs/officials and referees speaking multiple languages outnumber those of other linguistic profiles.

Table 12.

Profile of Canadians (aged 15 years and older) who Participate in Amateur Sport as a Referee, Official or Umpire, 1998

		Total		Male		Female	
	population	000s	%	000s	%	000s	%
Total	24,260	937	3.9	537	4.5	399	3.2
Age group							
15-18	1,644	194	11.8	152	17.7	42	5.4
19-24	2,415	142	5.9	80	6.6	62	5.1
25-34	4,615	143	3.1	95	4.1	48	2.1
35-54	9,353	412	4.4	184	3.9	229	4.9
55 and over	6,233	45	0.7	x	x	x	x
Level of education							
Some secondary or less	6,286	187	3.0	136	4.4	51	1.6
Some college/trade/high school	6,057	285	4.7	151	5.3	133	4.2
Diploma/some University	6,201	302	4.9	144	4.9	158	4.9
University degree	4,094	150	3.7	92	4.0	57	3.2
Family income							
Less than $20,000	2,305	37	1.6	x	x	x	x
$20,000 to $29,999	1,828	x	x	x	x	x	x
$30,000 to $49,999	4,262	173	4.1	106	5.2	67	3.0
$50,000 to $79,999	4,418	242	5.5	144	6.0	98	4.9
$80,000 or more	3,168	202	6.4	116	5.8	86	7.3
Province of residence							
Newfoundland	447	27	6.1	17	7.7	10	4.6
Prince Edward Island	107	8	7.2	x	x	x	x
Nova Scotia	761	43	5.7	27	7.4	16	4.1
New Brunswick	613	25	4.1	x	x	x	x
Quebec	6,006	142	2.4	84	2.8	58	1.9
Ontario	9,184	335	3.7	196	4.4	139	3.0
Manitoba	893	46	5.1	27	6.2	19	4.2
Saskatchewan	787	57	7.2	31	8.1	25	6.4
Alberta	2,261	129	5.7	74	6.6	54	4.8
British Columbia	3,201	124	3.9	58	3.7	66	4.1
Labour force participation							
Full time	11,388	524	4.6	316	4.6	208	4.6
Part time	1,615	82	5.1	x	x	x	x
Student with/without employment	2,368	217	9.2	157	13.1	60	5.1
Not in labour force	6,742	102	1.5	43	1.8	59	1.4
Mother tongue							
English only	11,360	612	5.4	344	6.1	267	4.7
French only	4,321	126	2.9	73	3.6	53	2.3
Other only	2,358	x	x	x	x	x	x
Multiple languages	4,161	169	4.1	97	4.7	72	3.4

% The participation rate is calculated by using the total Canadian population 15 years and older for each designated category.

Estimates are rounded to the nearest thousand. Totals may not add due to rounding.

* Only replies with estimates of 35,000 or more are indicated.

Source: Statistics Canada, General Social Survey, 1998

11.0   Involvement in Amateur Sport as Administrator or Helper

In total, 1.7 million adult Canadians (7%) were involved in amateur sport as administrators or helpers in 1998, down from nearly 2 million (9%) in 1992.

Approximately 1.7 million adult Canadians (7% of the population) were involved in amateur sport as administrators or helpers in 1998, down from nearly 2 million (9%) in 1992. Males and females were involved as administrators/helpers in equal proportion in 1998. Not so six years earlier, when nearly twice as many men were sport volunteers or helpers as were women.

Males and females were involved as administrators / helpers in equal proportion in 1998, a change from 1992 when nearly twice as many men were sport administrators as were women.

As with coaches and referees, most Canadians involved in the administration of amateur sport were 15-18 year olds (13%) followed by the 35-54 age group (10%). Persons with higher levels of education and higher household incomes (particularly $50,000 or more) were more likely to volunteer their time as administrators or helpers for amateur sport.

At the provincial level, the highest involvement rates were reported in the Atlantic Provinces (ranging from 11% in New Brunswick to 15% in PEI) and Saskatchewan (13%). The lowest proportion of amateur sport administrator/ helper was reported in Quebec (4%).

As for mother tongue, Anglophones (10%) participated as administrators at a much higher rate than did persons of other linguistic profiles. Rates of participation were lowest for persons speaking a language other than English or French (3%) and for Francophones (5%).

Table 13.

Profile of Canadians (aged 15 years and over) who participate in Amateur Sport as an Administrator or Helper, 1998						
		Total		**Male**		**Female**
	population	000s	%	000s	%	000s	%
Total	24,260	1,706	7.0	842	7.1	864	7.0
Age group							
15-18	1,644	214	13.0	118	13.8	96	12.2
19-24	2,415	130	5.4	53	4.4	77	6.4
25-34	4,615	291	6.3	139	6.0	152	6.6
35-54	9,353	929	9.9	434	9.3	495	10.6
55 and over	6,233	141	2.3	97	3.4	44	1.3
Level of education							
Some secondary or less	6,286	311	4.9	177	5.7	134	4.2
Some college/trade/high school	6,057	496	8.2	245	8.6	251	7.8
Diploma/some University	6,201	487	7.9	175	5.9	312	9.6
University degree	4,094	397	9.7	236	10.4	160	8.8
Family income							
LESS THAN $20,000	2,305	55	2.4	x	x	x	x
$20,000 to $29,999	1,828	75	4.1	x	x	x	x
$30,000 to $49,999	4,262	305	7.1	145	7.1	160	7.2
$50,000 to $79,999	4,418	498	11.3	230	9.5	268	13.4
$80,000 or more	3,168	363	11.5	214	10.8	149	12.5
Province of residence							
Newfoundland	447	57	12.7	31	14.1	26	11.3
Prince Edward Island	107	16	14.8	9	17.6	7	12.2
Nova Scotia	761	107	14.1	61	16.5	46	11.8
New Brunswick	613	67	11.0	29	9.7	38	12.3
Quebec	6,006	248	4.1	112	3.8	136	4.4
Ontario	9,184	555	6.0	294	6.5	261	5.6
Manitoba	893	79	8.9	41	9.4	38	8.3
Saskatchewan	787	101	12.9	59	15.1	43	10.7
Alberta	2,261	218	9.7	99	8.7	119	10.6
British Columbia	3,201	257	8.0	106	6.7	150	9.3
Labour force participation							
Full time	11,388	967	8.5	549	8.0	418	9.3
Part time	1,615	168	10.4	x	x	x	x
Student with/without employment	2,368	276	11.6	135	11.2	141	12.1
Not in labour force	6,742	260	3.9	116	4.7	144	3.4
Mother tongue							
English only	11,360	1,142	10.1	557	9.8	586	10.3
French only	4,321	198	4.6	77	3.8	121	5.3
Other only	2,358	75	3.2	x	x	x	x
Multiple languages	4,161	291	7.0	165	8.0	125	6.0

% The participation rate is calculated by using the total Canadian population 15 years and older for each designated category.

Estimates are rounded to the nearest thousand. Totals may not add due to rounding.

* Only replies with estimates of 35,000 or more are indicated.

Source: Statistics Canada, General Social Survey, 1998

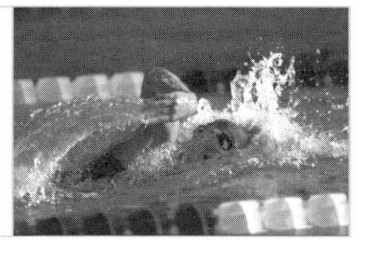

12.0   More Canadians Watching Amateur Sporting Events

More Canadians watched amateur sporting events in 1998 than in 1992. The number of men and women watching amateur sport were about equal.

More Canadians watched amateur sporting events in 1998 than in 1992. The number of spectators increased from 5 million or 24% of adult Canadians in 1992 to 7.6 million or 32% in 1998 – an increase of 8 percentage points. The number of men and women watching amateur sport were about equal.

In 1992, there was little variation in the age breakdown of people watching amateur sport. By 1998, spectators tended to be young adults under 25 years of age. Over one-half of 15-18 year olds reported watching amateur sport, followed by 36% of 19-24 year olds. Older Canadians, those aged 55 and over, reported the lowest rate of spectating (20%).

Spectators were more likely to be well educated, having some college or trade education or higher. Canadians with less education (some secondary school or less) were less likely to report watching amateur sport (28%).

As for household income, the data indicate that spectatorship increases as income levels increased. That is, while one-quarter (24%) of respondents with family incomes less than $20,000 watched amateur sport, this proportion gradually increased to nearly one-half (46%) of respondents from households earning $80,000 or more.

Residents of the Atlantic Provinces ranked as the most avid spectators of amateur sport in 1998 (Prince Edward Island 51%, New Brunswick 49%, Nova Scotia 46% and Nfld 42%) followed by the Prairies. Residents of Quebec reported the lowest rate of spectatorship (25%).

The impact of mother tongue on spectatorship is similar to the trends seen so far. Anglophones show the highest rate of spectatorship at 40%, followed by persons indicating a multi-linguistic profile (36%). Francophones reported watching amateur sport at a rate 16 percentage points lower (25%) than that of Anglophones (40%), and persons speaking a language other than English or French showed the lowest rate (21%).

Spectating at amateur sporting events seems to reflect the age of children in the household. Watching amateur sporting events begins when children are very young - under 5 years of age. Almost one-quarter (23%) of Canadians reported watching amateur sport when all children in the household were under 5 years of age. This rate peaks at 46% when children are between 5-12 years of age, and decreases slightly to 40% when children are 13 years of age and older. Once there are no children in the household under 19 years of age, spectating decreases to 28%.

Table 14.

Profile of Canadians (aged 15 years and older) who Participated as a Spectator of Amateur Sport, 1998

	Population	Total		Male		Female	
		000s	%	000s	%	000s	%
Total	24,260	7,651	31.5	4,040	33.8	3,611	29.3
Age group							
15-18	1,644	905	55.1	517	60.1	388	49.5
19-24	2,415	869	36.0	453	37.5	416	34.4
25-34	4,615	1,449	31.4	731	31.5	718	31.3
35-54	9,353	3,200	34.2	1,657	35.4	1,543	33.1
55 and over	6,233	1,229	19.7	682	23.8	547	16.2
Level of education							
Some secondary or less	6,286	1,749	27.8	976	31.5	774	24.3
Some college/trade/high school Diploma	6,057	2,167	35.8	1,142	40.1	1,025	32.0
Diploma/some University	6,201	2,258	36.4	1,057	35.7	1,201	37.0
University degree	4,094	1,436	35.1	845	37.0	591	32.6
Family income							
Less than $20,000	2,305	547	23.7	250	27.0	296	21.5
$20,000 to $29,999	1,828	489	26.7	245	29.4	244	24.5
$30,000 to $49,999	4,262	1,489	34.9	738	36.5	751	33.6
$50,000 to $79,999	4,418	1,804	40.8	1,020	42.3	784	39.1
$80,000 or more	3,168	1,455	45.9	913	46.0	542	45.7
Province of residence							
Newfoundland	447	188	42.0	99	44.8	89	39.2
Prince Edward Island	107	55	51.3	29	55.7	26	47.1
Nova Scotia	761	353	46.3	202	54.6	150	38.5
New Brunswick	613	297	48.5	153	50.9	144	46.3
Quebec	6,006	1,498	24.9	839	28.5	660	21.5
Ontario	9,184	2,760	30.1	1,454	32.3	1,306	27.9
Manitoba	893	313	35.1	163	37.0	150	33.2
Saskatchewan	787	315	40.0	167	43.0	147	36.9
Alberta	2,261	836	37.0	404	35.7	432	38.3
British Columbia	3,201	1,037	32.4	530	33.5	508	31.4
Labour force participation							
Full time	11,388	4,085	35.9	2,534	36.7	1,551	34.6
Part time	1,615	593	36.7	144	39.5	449	35.9
Student with/without employment	2,368	1,113	47.0	589	49.0	525	45.0
Not in labour force	6,742	1,705	25.3	710	29.0	995	23.2
Mother tongue							
English only	11,360	4,591	40.4	2,351	41.4	2,240	39.4
French only	4,321	1,073	24.8	557	27.6	515	22.4
Other only	2,358	493	20.9	291	24.1	203	17.6
Multiple languages	4,161	1,486	35.7	832	40.3	653	31.1

Participation rate was calculated by using the total Canadian population 15 years and older for each

designated category.

Estimates are rounded to the nearest thousand.

Totals may not add due to rounding.

Source: Statistics Canada, General Social Survey, 1998

13.0   Benefits of Sport

To quote the Honourable Denis Coderre, Secretary of State (Amateur Sport):

> *"Sport is at the heart of Canadian life. It's an activity that has benefits for each and every Canadian, for our communities and for our country. Sport puts front and centre the qualities we value as Canadians - fairness, team spirit, hard work, dedication and commitment. And our hard-working, dedicated and committed high-performance athletes are unquestionably role models for our children. Sport promotes physical, mental, emotional and spiritual health and well-being. Sport develops character and teaches the rewards of discipline and perseverance. It is also a way for Canadians to get to know each other. "*

People today are aware that sport affords many benefits to our overall health and personal lives. Researchers have long recognized that participation in sport makes a positive contribution to fitness, health and well-being, But sport contributes to more than personal fitness. Researchers believe that sport has wide-reaching benefits including the development of social skills, self-esteem, stress management and leadership skills, to name a few.

In order to assess the perceived benefits of sport among adult Canadians, a new question was added to the 1998 cycle of the GSS Sport Supplement. Specifically, Canadians were asked to rank the degree to which sport is important in providing them with the following benefits: physical health and fitness, family activities, new friends/ acquaintances and relaxation.

13.1   'Health and Fitness' and 'Relaxation' Ranked as Top Benefits

Active Canadians ranked 'health and fitness' and 'relaxation' as the most important benefits of sport.
A sense of achievement' was rated as a very important benefit by nearly 6 in 10 adult Canadians.

In general, Canadians hold positive attitudes towards the benefits of sport. Active Canadians [15] ranked health and fitness (71%) and relaxation (69%) as the most important benefits of sport. A sense of achievement was rated as a very important benefit by nearly 6 in 10 (57%) adult Canadians. Both family activity (43%) and making new friends/acquaintances (41%) ranked last in relative importance. This pattern holds true for both men and women with one exception. A higher proportion of women (49%) than men (38%) ranked family activity as a very important benefit of sport.

---

[15]   Active Canadians refers to the total number of Canadians, 15 years and older, having reported participating in sport on a regular basis over the past 12 months.

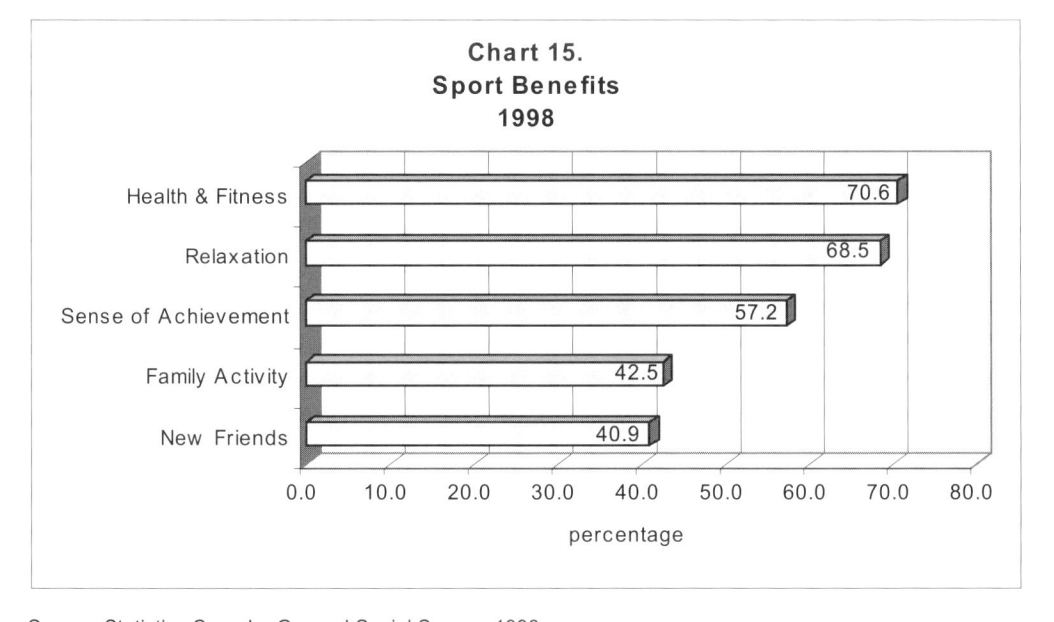

Chart 15.
Sport Benefits
1998

Benefit	Value
Health & Fitness	70.6
Relaxation	68.5
Sense of Achievement	57.2
Family Activity	42.5
New Friends	40.9

percentage

Source: Statistics Canada, General Social Survey, 1998

13.2 Sport Benefits Differ across Age Categories

Notable differences were observed in the relative importance that Canadians assigned to the benefits of sport when we sort the population by age group. Participating in sport seems to take on a different function as we age. Young adults between 15-18 and 19-24 identified 'health and fitness' as the most important benefit of sport, while for Canadians aged 25 and older, 'relaxation' tied with 'health and fitness'.

A 'sense of achievement' seems to be a very important benefit among young Canadians aged 15-18 where it ranks second after 'health and fitness'. For the older generations, a sense of achievement ranked third.

'New friends/acquaintances' and 'family activity' ranked last amongst the various benefits of sport by all ages. Interestingly, the 25-34 and 35-54 age groups ranked 'family activity' ahead of 'new friends' suggesting that sport is used as a form of family entertainment, something to be enjoyed as a family during the child-rearing years.

These overall pattern holds, for the most part, for both men and women with one exception. Women of all ages tend to attribute a higher level of importance to sport as a 'family activity' than did men.

Table 15.

Benefits of Participating in Sport by Age group and Sex, Canada, 1998

Both Sexes

	Active pop*	Very Important		Somewhat Important		Not Important	
	000s	000s	%	000s	%	000s	%
Physical health and fitness							
15-18	1,121	815	72.7	288	25.7	x	x
19-24	1,235	933	75.5	277	22.4	x	x
25-34	1,781	1,193	67.0	518	29.1	70	3.9
35-54	2,937	2,040	69.5	764	26.0	123	4.2
55 +	1,234	884	71.6	299	24.2	51	4.1
total	8,308	5,865	70.6	2,146	25.8	287	3.5
Family Activities							
15-18	1,121	312	27.8	503	44.9	307	27.4
19-24	1,235	317	25.7	463	37.5	456	36.9
25-34	1,781	789	44.3	525	29.5	467	26.2
35-54	2,937	1,568	53.4	875	29.8	485	16.5
55 +	1,234	545	44.2	377	30.6	312	25.3
total	8,308	3,531	42.5	2,743	33.0	2,027	24.4
New Friends & Acquaintances							
15-18	1,121	556	49.6	483	43.1	82	7.3
19-24	1,235	522	42.3	477	38.6	237	19.2
25-34	1,781	643	36.1	833	46.8	305	17.1
35-54	2,937	1,076	36.6	1,247	42.5	605	20.6
55 +	1,234	598	48.5	442	35.8	194	15.7
total	8,308	3,395	40.9	3,482	41.9	1,423	17.1
Relaxation							
15-18	1,121	633	56.5	377	33.6	112	10.0
19-24	1,235	797	64.5	379	30.7	59	4.8
25-34	1,781	1,235	69.3	469	26.3	78	4.4
35-54	2,937	2,131	72.6	676	23.0	120	4.1
55 +	1,234	892	72.3	308	25.0	x	x
total	8,308	5,688	68.5	2,209	26.6	402	4.8
Sense of Achievement							
15-18	1,121	760	67.8	263	23.5	98	8.7
19-24	1,235	764	61.9	371	30.0	100	8.1
25-34	1,781	978	54.9	627	35.2	176	9.9
35-54	2,937	1,585	54.0	1,042	35.5	302	10.3
55 +	1,234	665	53.9	409	33.1	160	13.0
total	8,308	4,752	57.2	2,712	32.6	836	10.1

con't…

Table 15 (con't)

Male

	Active pop*	Very Important		Somewhat Important		Not Important	
		000s	%	000s	%	000s	%
Physical health and fitness							
15-18	688	502	73.0	177	25.7	x	x
19-24	760	616	81.1	126	16.6	x	x
25-34	1,121	786	70.1	284	25.3	51	4.5
35-54	1,852	1,288	69.5	480	25.9	83	4.5
55 +	719	526	73.2	172	23.9	x	x
total	5,140	3,718	72.3	1,239	24.1	181	3.5
Family Activities							
15-18	688	163	23.7	338	49.1	187	27.2
19-24	760	144	18.9	276	36.3	340	44.7
25-34	1,121	432	38.5	331	29.5	357	31.8
35-54	1,852	936	50.5	557	30.1	357	19.3
55 +	719	295	41.0	232	32.3	191	26.6
total	5,140	1,970	38.3	1,734	33.7	1,432	27.9
New Friends & Acquaintances							
15-18	688	353	51.3	273	39.7	62	9.0
19-24	760	364	47.9	275	36.2	121	15.9
25-34	1,121	392	35.0	559	49.9	170	15.2
35-54	1,852	681	36.8	790	42.7	379	20.5
55 +	719	313	43.5	290	40.3	115	16.0
total	5,140	2,103	40.9	2,187	42.5	847	16.5
Relaxation							
15-18	688	397	57.7	232	33.7	59	8.6
19-24	760	471	62.0	249	32.8	40	5.3
25-34	1,121	792	70.7	283	25.2	46	4.1
35-54	1,852	1,370	74.0	389	21.0	92	5.0
55 and over	719	515	71.6	194	27.0	x	x
total	5,140	3,545	69.0	1,347	26.2	247	4.8
Sense of Achievement							
15-18	688	455	66.1	162	23.5	71	10.3
19-24	760	459	60.4	232	30.5	69	9.1
25-34	1,121	630	56.2	381	34.0	110	9.8
35-54	1,852	984	53.1	681	36.8	186	10.0
55 +	719	345	48.0	277	38.5	95	13.2
total	5,140	2,873	55.9	1,733	33.7	531	10.3

con't…

Table 15 (con't)

Female

	Active pop*	Very Important		Somewhat Important		Not Important	
		000s	%	000s	%	000s	%
Physical health and fitness							
15-18	433	314	72.5	111	25.6	x	x
19-24	475	317	66.7	150	31.6	x	x
25-34	660	407	61.7	235	35.6	x	x
35-54	1085	752	69.3	284	26.2	40	3.7
55 +	516	358	69.4	127	24.6	x	x
total	3169	2,148	67.8	907	28.6	106	3.3
Family Activities							
15-18	433	149	34.4	165	38.1	120	27.7
19-24	475	172	36.2	187	39.4	115	24.2
25-34	660	357	54.1	194	29.4	110	16.7
35-54	1,085	631	58.2	317	29.2	128	11.8
55 +	516	250	48.4	145	28.1	121	23.4
total	3,169	1559	49.2	1,008	31.8	594	18.7
New Friends & Acquaintances							
15-18	433	203	46.9	210	48.5	x	x
19-24	475	157	33.1	202	42.5	115	24.2
25-34	660	251	38.0	274	41.5	135	20.5
35-54	1,085	394	36.3	457	42.1	225	20.7
55 +	516	285	55.2	152	29.5	79	15.3
total	3,169	1,290	40.7	1,295	40.9	574	18.1
Relaxation							
15-18	433	235	54.3	145	33.5	53	12.2
19-24	475	326	68.6	130	27.4	x	x
25-34	660	443	67.1	186	28.2	x	x
35-54	1,085	761	70.1	288	26.5	x	x
55 +	516	378	73.3	114	22.1	x	x
Total	3,169	2,143	67.6	863	27.2	156	4.9
Sense of Achievement							
15-18	433	306	70.7	100	23.1	x	x
19-24	475	305	64.2	139	29.3	x	x
25-34	660	348	52.7	246	37.3	66	10.0
35-54	1,085	601	55.4	361	33.3	116	10.7
55 +	516	319	61.8	132	25.6	64	12.4
total	3,169	1,879	59.3	978	30.9	304	9.6

*Denominator is the 'Active Population' aged 15 and older, who participated in sport on a regular basis.

* Only replies with estimates of 35,000 or more are indicated.

Source: Statistics Canada, General Social Survey, 1998

13.3 Sport Participation and Sense of Belonging

Sport participation has been touted as an influencing factor in helping build healthy communities and improving our individual and collective quality of life. Engaging in community activities such as sport requires that people give freely of their time and effort to engage in common pursuits, thus increasing social interactions and strengthening bonds within ones community.

A new attitudinal question was added to the 1998 cycle of the GSS Sport Supplement asking respondents to describe their sense of belonging to their local community. This question is thought to have particular relevance to the concepts of connectivity, social cohesion and Canadian identity – the hypothesis being that participation in common sport activities is fundamental to local community identity and therefore to national identity.

The 1998 data reveal little difference between participants of amateur sport and non-participants in their reported levels of sense of belonging to their communities. In 1998, 63% of Canadians active in sport indicated their sense of belonging to be somewhat to very strong compared to 61% of non-active Canadians.

Despite this lack of evidence, the data is to be considered with caution as differences in the level of involvement in amateur sport (ie. belonging to a sport clubs/lcagues, coaching, refereeing, and administering amateur sport) may vary the results. Indeed the data show that a higher proportion of Canadians involved in amateur sport as administrators/helpers (74%active versus 61% non active), referees (72% versus 62%), coaches (71% versus 61%) and those belonging to clubs/leagues (68%versus 61%) reported their sense of belonging as somewhat to very strong compared to Canadians not active in these capacities.

Table 16.

Perceived Sense of Belonging to the Community [1] by Sport Participation, Canada, 1998

	Total Canadians (15 years and older)		Sport Participants		Non-Participants	
	000s	%	000s	%	000s	%
TOTAL	24,260	100.0	8,309	100.0	14,034	100.0
Very strong	4,451	18.3	1,587	19.1	2,864	20.4
Somewhat strong	9,423	38.8	3,669	44.2	5,754	41.0
Somewhat weak	5,656	23.3	2,145	25.8	3,511	25.0
Very weak	2,115	8.7	719	8.7	1,396	9.9
No opinion / Not stated	2,615	10.8	188	2.3	509	3.6

(1) Survey asked: "How would you describe your sense of belonging to your local community?"

Source: Statistics Canada, General Social Survey, 1998

13.4   Sport Participation and Health Status

The health-related benefits of sport are well researched and documented. Mounting evidence establishes not only a link between physical activity and resistance to certain diseases, but also to better health, improved physical functioning and increased longevity.

There is growing concern among healthcare professionals, researchers and public policy experts that as our society ages and 'baby boomers' approach their retirement years, current levels of physical inactivity will likely hamper the quality of life for the majority of Canadians. Their inability to maintain independence will place increased demands on an already over-burdened health care system.

Being active in sport is related to positive perceptions of health. Canadians active in sport indicated a health rating of very good to excellent greater than non-active Canadians.

The latest GSS data indicate that being active in sport is related to positive perceptions of health. In 1998, 70% of Canadians active in sport indicated a health rating of very good to excellent compared to 54% of non-active Canadians. Thus, quite a substantial gap (16 percentage points) exists between active and non-active Canadians in terms of their perceived health status. This trend may, in part, be related to age differences. Older Canadians, who are less likely to rate their health as very good or excellent, are also less likely to be active in sport.

Table 17.

Perceived Health Status [1] by Participation in Sport, Canada, 1998

	Total Canadians (15 years and older)		Sport Participants		Non Participants	
	000s	%	000s	%	000s	%
TOTAL	24,260	100.0	8,309	100.0	14,034	100.0
Excellent	5,462	22.5	2,476	29.8	2,986	21.3
Very Good	7,834	32.3	3,315	39.9	4,519	32.2
Good	5,971	24.6	1,844	22.2	4,127	29.4
Fair	2,152	8.9	494	5.9	1,659	11.8
Poor	682	2.8	101	1.2	581	4.1
Not Stated	2,159	8.9	80	1.0	162	1.2

(1) Survey asked: "Compared to other people of your age, how would you describe your state of health?"
Source: Statistics Canada, General Social Survey, 1998

13.5 Sport Participation and Life Satisfaction

Given the many studies linking participation in sport with improved physical fitness and health, increased self esteem and well-being, through to fostering social interactions and building ties within ones community, it is hypothesized that sport participation may also be linked to increased life satisfaction.

In an effort to test this theory, a question on perceived level of life satisfaction was cross-tabulated against sport participants and non-participants. Cycle 12 of the General Social Survey asked Canadians the question: "How do you feel about your life as a whole right now?" and ranked their responses using a 4-point scale from very satisfied through to very dissatisfied.

The 1998 data show a small, yet notable increase in life satisfaction among persons active in sport. In fact, 94% of Canadians active in sport reported that they were somewhat to very satisfied with their lives compared with 89% of inactive Canadians – a difference of 5 percentage points. Once again, these data should be viewed with caution as this modest difference in level of life satisfaction may in fact be influenced by other factors such as age, health, current financial situation, family stability, etc.

Table 18.

Perceived Level of Life Satisfaction [1] by Participation in Sport, Canada, 1998

	Total Canadians (15 years and older)		Sport Participants		Non Participants	
	000s	%	000s	%	000s	%
TOTAL	24,260	100.0	8,309	100.0	14,034	100.0
Very satisfied	8,122	33.5	3,302	39.7	4,741	33.8
Somewhat satisfied	12,448	51.3	4,493	54.1	7,757	55.3
Somewhat dissatisfied	1,568	6.5	426	5.1	1,133	8.1
Very dissatisfied	327	1.3	50	0.6	276	2.0
No opinion/ not stated	1,794	7.4	38	0.5	126	0.9

(1) Survey asked: "How do you feel about your life as a whole right now?"

Source: Statistics Canada, General Social Survey, 1998

14.0   Increase in Non-Participation

It seems that both time and money are in very short supply these days. The time crunch being experienced by most of us is likely having an affect on levels of sport participation. The amount of free time available has not increased while other demands for our time are on the rise. As well, the influence of new technology – particularly computers, the Internet and the hundreds of television channels to choose from is changing the way people interact with one another. As we spend more time in front of our computer and tv screens, we have less time to spend engaging in sport or other community activities.

14.1   Reasons for Non-participation [16]

What's holding Canadians back?

Why are more Canadians not participating in sport? The major reasons given for not participating in sport have not changed since the first time this question was asked in 1992. Essentially, we still lack the time, the interest and are limited due to reasons of health/injury or age. On the positive side, the unavailability of sport facilities and programs ranked last among the reasons given for non-participation. Chart 16 is a graphic representation of the reasons Canadians gave for not participating in sport.

Given our overextended, busy schedules it is not surprising that 'lack of time' was the most frequently reported factor in keeping Canadians from being more active in sport in 1998. Almost one-third of inactive Canadians reported having no time for sport. 'Lack of interest' ranked as the second reason indicated by over one-quarter (26%) of non-participants and reasons of 'health/injury' (13%) and 'age' (13%) tied for third.

Men Lack Time, Women Lack Time and Interest

As for gender differences, a greater proportion of males reported lack of time for sport (35% males versus 29% females), while females lacked
interest in sport (28% females versus 23% males).

---

[16]   Note that respondents may provide more than one reason for non-participation.

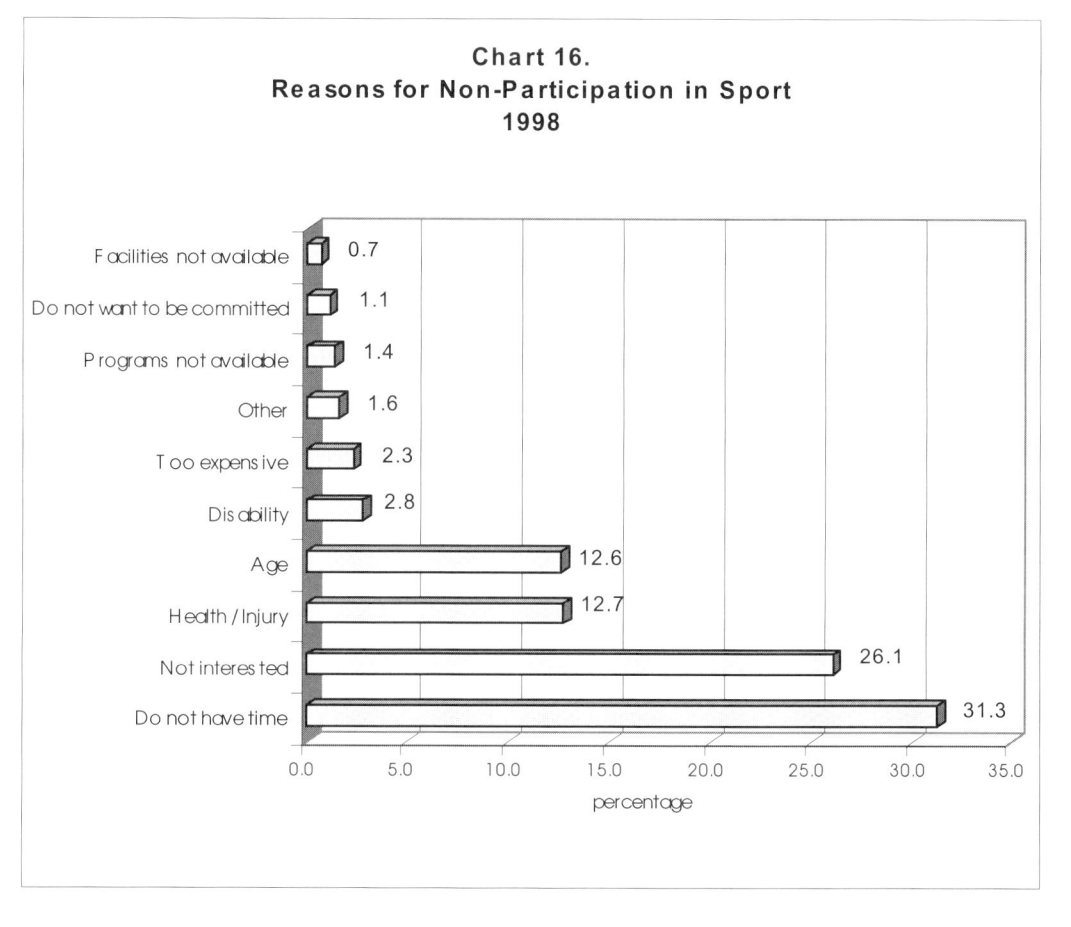

Chart 16.
Reasons for Non-Participation in Sport
1998

Reason	percentage
Facilities not available	0.7
Do not want to be committed	1.1
Programs not available	1.4
Other	1.6
Too expensive	2.3
Disability	2.8
Age	12.6
Health / Injury	12.7
Not interested	26.1
Do not have time	31.3

Source: Statistics Canada, General Social Survey, 1998

Interestingly, reasons for non-participation varied by age. 'Lack of time' was the reason reported by one-third of all non-active Canadians. Yet, for nearly 50% of non-active Canadians aged 20-24, and 25–34, and for 38% of 35-54 year olds, lack of time was their primary reason for not participating in sport. Understandably, these age groups have little leisure time left over as they are involved in the busiest time of their life cycle, juggling responsibilities of school, career and child rearing.

'Lack of interest' in sport was cited in greatest proportion by inactive youth between 15-19 years of age (40%), followed by 35-54 year olds (28%). Older Canadians indicated reasons of 'health/injury' and 'age' in greater proportion than their younger counterparts. While less than 7% of inactive young Canadians cited 'health/injury' reasons, the proportion jumps to 10% of 35-54 year olds, and to 24% of older Canadians aged 55 and over. Similarly, 'age' was the reason cited most often by older Canadians 55 years of age and up (38%).

Table 19.

Reasons* for Non-Participation in Sport, by Age, Canada, 1998

		Total		Male		Female	
		000s	%	000s	%	000s	%
Population not participating in Sport		14,034	57.8	5,878	49.2	8,156	66.2
All ages							
Do not have time		4,396	31.3	2,049	34.8	2,347	28.8
Not interested		3,667	26.1	1,368	23.3	2,300	28.2
Health/injury		1,781	12.7	682	11.6	1,099	13.5
Age		1,775	12.6	701	11.9	1,074	13.2
Disability		388	2.8	206	3.5	182	2.2
Too expensive		320	2.3	161	2.7	158	1.9
Other		227	1.6	86	1.5	141	1.7
Programs not available		190	1.4	68	1.1	122	1.5
Do not want to be committed		153	1.1	65	1.1	88	1.1
Facilities not available		92	0.7	42	0.7	50	0.6
15-19	Not interested	246	40.3	106	50.0	140	35.2
	Do not have time	157	25.7	60	28.1	97	24.4
20-24	Do not have time	446	47.9	167	48.2	279	47.7
	Not interested	237	25.4	74	21.5	162	27.7
	Health/injury	65	7.0	x	x	x	x
25-34	Do not have time	1,231	49.0	549	53.0	682	46.2
	Not interested	623	24.8	214	20.7	409	27.7
	Health/injury	131	5.2	x	x	x	x
	Too expensive	103	4.1	48	4.6	55	3.7
35-54	Do not have time	2,155	37.7	1,066	42.7	1,089	33.8
	Not interested	1,627	28.4	591	23.7	1,036	32.1
	Health/injury	543	9.5	203	8.1	341	10.6
	Disability	139	2.4	70	2.8	70	2.2
	Too expensive	137	2.4	64	2.5	73	2.3
	Age	134	2.3	68	2.7	66	2.0
	Other	128	2.2	53	2.1	75	2.3
	Do not want to be	75	1.3	x	x	x	x
	Programs not available	66	1.2	x	x	x	x
55+	Age	1,633	38.3	632	35.4	1,001	40.4
	Health/injury	1,007	23.6	414	23.1	594	24.0
	Not interested	935	21.9	382	21.4	553	22.3
	Do not have time	407	9.5	207	11.6	200	8.1
	Disability	223	5.2	124	7.0	99	4.0
	Programs not available	68	1.6	x	x	x	x
	Too expensive	52	1.2	x	x	x	x

Denominator for percentages is the number of non-participants within each category.

* Only reasons with estimates of 35,000 or more are indicated.

Source: Statistics Canada, General Social Survey, 1998

15.0   Possible Factors Influencing Sport Participation

*Reasons for the decrease
in participation include:
- an aging population;
- economic pressures;
- limited leisure time; and
- a wide range of other
leisure activities vying for
our attention.*

Various social and economic factors offer useful contextual information to help explain the decrease in sport participation by Canadians from 1992 to 1998. Explanations may lie on a number of fronts including an aging population, economic pressures, increasing cost of sport equipment, registration and membership fees, limited leisure time and the wide range of leisure activities vying for our attention.

15.1   Aging Population

Canada's population is aging. The baby boom is making a significant impact on the age distribution and structure of the general population. Current population projections point to the fact that the number of seniors living in Canada will increase notably over the next 20 years. This demographic change will likely have important consequences for the sport sector. As our society ages, with 'baby boomers' entering their fifties and sixties, the current levels of sport participation will likely see further decreases.

The rate of sport participation will undoubtedly change as demographic factors reshape the composition of its participants. Indeed, upcoming demographic changes will create both opportunities and challenges for sport enterprises.

15.2   Women living longer

The latest life expectancy figures for Canadian women show that in 1996 women lived 5.7 years longer than Canadian men (81.4 and 75.7 years respectively). Female life expectancy has consistently been higher than that of males throughout all provinces (with the exception of the territories). While a series of projections prepared by Statistics Canada provide three scenarios on total population distributions by age and gender, there is no question that the number of seniors, particularly women, living in Canada will increase notably over the next 20 years. These changes to the age composition of Canadians will result in an older, female-dominated senior population which may prove to further dampen sport participation rates.

15.3 Free Time at a premium

According to the General Social Survey, *Overview of the Time Use of Canadians in 1998*, free time[17] is at a premium. Personal time has become one of the most valuable commodities people have today. In fact, the amount of free time enjoyed by Canadians has not increased 1986. Canadians reported an average of 5.7 hours of free time per day in 1986 and 5.8 hours per day in 1998. Since most sport activities take place during our leisure time, its absence is significant to participation levels.

15.4 Economics

Sport and recreational expenditures, as a proportion of total spending, have steadily declined over the past decade. According to the Survey of Household Spending (formerly FAMEX), Canadians decreased their spending on sport and recreation by 9 percent between 1986 and 1996. On average, spending on sporting goods and services in 1996 represented approximately 2 percent of our household budgets.

Personal disposable income has been growing only moderately, as income taxes continue to take a large share of our household income[18]. People have fewer disposable dollars to spend and, the dollars we do have tend to be allocated carefully. Furthermore, there is enormous competition for our shrinking discretionary dollar.

15.5 Competing leisure activities

Today's consumer has the ability to choose from a myriad of leisure activities including films, television, various hobbies and sport. There is increasing competition among a wide array of services and activities for both our time and our dollar. The demand for sport is becoming increasingly fragmented as more recreational options are available to us. At the same time, we are making our choices more carefully among these options as the amount of leisure time we enjoy is limited.

---

[17] Free time or leisure time comprises the residual of the 24-hour day, time that is not allocated to either paid work, unpaid work, or personal care.
[18] Survey of Household Spending, 1997.

Information technology in the home is the newest domain poised to have a major impact on Canadians. Advancements in technology have rapidly moved computers into our homes in the form of video games, home computers and Internet access. In 1997, 36% of Canadian households had a computer, more than triple the proportion in 1986 (10.3), and more than one out of every 3 home computers is being used to access the Internet.[19] Our leisure time is spent differently today than ever before, with fewer people participating in sports and hobbies. People, especially young people, are spending more of their leisure time surfing the net.

15.6   Conclusion

Given the pace of technological advancements, the aging of our population, limited free time, variable economic conditions and changing consumer preferences, it is difficult to predict future patterns of sport participation. Each of these factors play their part in influencing how we spend our discretionary time, effort and dollars. As we move into the next century, further shifts in sport participation will inevitably occur as large numbers of baby boomers move closer to retirement.

On the other hand, one may foresee an increased demand for sporting goods and services fostered by such factors as increased education levels and higher incomes, coupled with a larger proportion of two-income families (two incomes does not necessarily mean more disposable income). These socio-economic factors may in fact translate into increases in sport participation. The challenge ahead lies in being able to understand and anticipate some of these changes, and then to target those sport activities and services which the new emerging conditions will demand.

---

[19] Household facilities and equipment, Cat. 64-202-XPB

16.0   Methodology

16.1   The General Social Survey

Statistics Canada, through a sport supplement to the General Social Survey (GSS), surveyed approximately 10,000 Canadians (aged 15 years and older) about the extent and nature of their participation in sport during the previous 12 months. This survey was conducted in 1992 and again in 1998. These two sport supplements are the primary source of data for this study, specifically Cycles 7 and 12 entitled <u>Time Use</u> of the GSS.

The sport questions were developed by the Culture Statistics Program, Statistics Canada based on the information needs of federal and provincial/territorial partners having an interest in sport information. The questions were sponsored by a consortium of federal and provincial data users with the objective of obtaining a more comprehensive look at the extent of sport participation in Canada.

Involvement in sport was determined by asking the question:
"Did you regularly participate in any sports during the past 12 months?"
'Regularly' meant that the respondent participated in a sport at least once a week during the season or during a certain period of time. For example, although bowling is not a seasonal sport, it should be included if they bowled on a regular basis during a period of the year.

The types of sport within scope of this survey were determined using a list of sports provided by Sport Canada (see Appendix). "Sport" was defined by Sport Canada as an activity having the following characteristics:

- involves two or more participants who engage for the purpose of competitively evaluating their personal performance,

- involves formal rules and procedures,

- requires tactics and strategies,

- requires specialized neuromuscular skills which can be taught and learned,

- requires a significant involvement of large muscular groups,

- involves a high degree of difficulty, risk or effort in reproduction of movement or forms,

- its competitive mode implies the development of trained coaching personnel,

- its primary activity involves physical interaction of the participant with the environment,

- does not include activities in which the performance of a motorized vehicle is the primary determinant of the competitive outcome. Where mechanized vehicles or conveyances are used, the activity must entail significant physical effort in propelling the vehicle or conveyance.

Based on these general guidelines defining sport, several physical and leisure activities were excluded such as aerobics / dancercize / aquafit, bicycling for recreation or transportation, jogging and walking, etc.

Participation during the past 12 months was the reference period for both survey cycles (1992 and 1998). It is recognized that a reference period of one year may incur the problem of recall. As well, the risk of over-statement may be at play as respondents may be reluctant to admit, particularly in these health-conscious days, that they had not been physically active during the past year. It is not possible from this questionnaire to measure the presence or extent of either the under or over-reporting of sport participation.

The GSS, originating in 1985, conducts telephone surveys across the 10 provinces. The GSS is recognized for its continual collection of data that allows for trend analysis. The history of GSS data collection topics is outlined below.

GSS Cycle Topics	Date of GSS Survey (cycle #)		
	1st series	2nd series	3rd series
Health	1985 (1)	1991 (6)	
Time Use	1986 (2)	1992 (7)	1998 (12)
Victimization	1988 (3)	1993 (8)	1999 (13)
Education, Work & Retirement	1989 (4)	1994 (9)	
Family & Friends		1990 (5)	1995 (10)
Social Support	1985 (1)	1990 (5)	1996 (11)
Access & Use of Information Communication Technology	2000 (14)		

Each survey contains a core topic as well as a standard set of socio-demographic questions. The target population for the GSS is all persons 15 years of age and over residing in Canada. Residents of the territories and full-time residents of institutions are excluded from the sample. Computer Assisted Telephone Interviewing (CATI) is used to collect data for the GSS. Households without telephones were excluded. Persons living in households without telephones represent less than 2% of the target population. Survey estimates have been adjusted (i.e., weighted) to account for this population. Collecting data via telephone is attractive because of lower collection costs, as well as considerable flexibility with respect to sample design. Nevertheless, telephone interviewing does have some drawbacks: non-coverage of households, while low, is concentrated in population groups with low educational attainment or low income; response rates tend to be lower than for face-to-face interviews, and there are limitations on the amount and type of data which can be collected over the telephone.

Until 1998, the sample size was approximately 10,000 persons. This was increased to 25,000 in 1999. With this increase in sample size, more detailed results will be collected at both the national and provincial levels.

The sample design will not allow for estimates of Aboriginal peoples.

GSS Response and Non-response Rates (%)

Cycle	Topic	Survey year	Sample Size	Response Rate
1	Health	1985	11,200	83.4
2	Time Use	1986	16,390	78.9
3	Personal Risk	1988	9,870	82.4
4	Education & Work	1989	9,338	80.7
5	Family & Friends	1990	13,495	75.8
6	Health	1991	11,924	80.2
7	Time Use	1992	9,815	76.8
8	Personal Risk	1993	10,385	81.6
9	Education, Work & Retirement	1994	11,876	81.2
10	Family	1995	10,749	81.4
11	Social Support	1996	12,756	85.3
12	Time Use	1998	10,749	77.6
13	Victimization	1999	25,000 (e)	not available
14	Access to & Use of Information Communication Technology	2000	25,000 (e)	not available

Data for Cycle 12 of the GSS were collected from February 1998 through to January 1999. The sample was evenly distributed over the 12 months to represent any seasonal variation in the data.

Weighting

When a probability sample is used, as was the case for the GSS, the principle behind estimation is that each person selected in the sample 'represents' (in addition to himself/herself) several other persons not in the sample. For example, in a simple random sample of 2% of the population, each person in the sample represents 50 persons in the population.

When analyzing GSS Cycle 12 data, it is therefore necessary to use either the weighting factor WGHTFIN on the Main File or WGHTEPI on the Time Use Episode File.

Users are cautioned against releasing unweighted tables or performing any analysis based on unweighted survey results. Sampling rates as well as non-response rates vary significantly from province to province and by various demographic characteristics. For example, it is known that non-respondents are more likely to be males and more likely to be younger. In the responding sample, 3.3% were males between the ages of 15 and 19, while in the overall population, approximately 4.3% were males between 15 and 19. Therefore, it is clear that unweighted sample counts cannot be considered to be representative of the survey target population.

The survey weights must be used when producing estimates or performing analyses in order to account as much as possible for the geographic over- and under-representation and for the under- or over- representation of age-sex groups, months of the year, or days of the week in the unweighted file.

Over a large number of observations, randomly occurring errors will have little effect on estimates derived from the survey. However, errors occurring systematically will contribute to biases in the survey estimates. Errors not related to sampling may occur at almost every phase of a survey operation. Interviewers may misunderstand instructions, respondents may make errors in answering questions, the answers may be incorrectly entered on the questionnaire and errors may be introduced in the processing and tabulation of the data. These are all examples of non-sampling errors.

Considerable time and effort was made to reduce non-sampling errors in the survey. Quality assurance measures were implemented at each step of the data collection and processing cycle to monitor the quality of the data. These measures included the use of highly skilled interviewers, extensive training of interviewers with respect to the survey procedures and questionnaire, observation of interviewers to detect problems of questionnaire design or misunderstanding of instructions, procedures to ensure that data capture errors were minimized, and coding and edit quality checks to verify the processing logic.

A major source of non-sampling errors in surveys is the effect of non-response on the survey results. The extent of non-response varies from partial non-response (failure to answer just one or a few questions) to total non-response. Total non-response occurred because the interviewer was either unable to contact the respondent, no member of the household was able to provide the information, or the respondent refused to participate in the survey. Total non-response was handled by adjusting the weight of households who responded to the survey.

Coefficient of Variation (C.V.)

Since it is an unavoidable fact that estimates from a sample survey are subject to sampling error, sound statistical practice calls for researchers to provide users with some indication of the magnitude of this sampling error.

Because of the large variety of estimates that can be produced from a survey, the standard deviation is usually expressed relative to the estimate to which it pertains. The resulting measure, known as the coefficient of variation (c.v.) of an estimate is obtained by dividing the standard error of the estimate by the estimate itself and is expressed as a percentage of the estimate. **Before releasing and/or publishing any estimates from the microdata file, users should consider whether or not to release the estimate based on the following guidelines.**

Coefficient of Variation		**Policy Statement**
0.0 to 16.5%	Moderate sampling variability	Releasable
16.6% to 33.3%	High sampling variability	Releasable with cautionary note
33.4% or over	Very High sampling variability	**Not releasable**

Note: The sampling variability policy should be applied to rounded estimates.

In order that estimates produced from the General Social Survey microdata files correspond to those produced by Statistics Canada, users are urged to round the estimates to the nearest thousand using the normal rounding technique. It may be misleading to release unrounded estimates, as they imply greater precision than actually exists. In instances where, due to technical or other limitations, a different rounding technique is used resulting in estimates different from Statistics Canada estimates, users are encouraged to note the reason for such differences in the released document.

T-test

A t-test was applied to the sport participation rates to determine whether or not the difference in rates is statistically significant.

A couple of assumptions are made: that the distribution is normal,
A two-tailed test will be used at a confidence level of 95%.
The critical value = 1.96

Hypothesis: If there is little or no change between the 1992 and 1998 participation rates, that is if the difference is between 1.96 and –1.96, then it can be concluded that the change is not statistically significant. But, should the t-test result in a figure greater than + or - 1.96, the change in the participation rates between 1992 and 1998 are statistically significant.

The t-test result = -13.2, well beyond the critical value of + or – 1.96, thus the difference in participation rates between 1992 and 1998 is statistically significant at a confidence level of 95%.

Appendix I. GSS Sports Code List, 1998

The following list outlines the sports which were included and excluded for this survey. Sports that are in bold are new additions to the previous sport supplement, Cycle 7, 1992.

Amputee Sports
Archery
Arctic Sports (traditional Aboriginal sport)
Badminton
Ball Hockey
Baseball
Basketball
Biathlon
Blind Sports
Bobsleigh
Bowling, 5 pin
Bowling, 10 pin
Boxing
Broomball
Canoeing/Kayaking
Cricket
Curling
Cycling
Deaf Sports
Diving
Dog Sledding
Equestrian
Fencing
Field Hockey
Figure Skating
Football – tackle, flag, touch
Golf
Gymnastics
Handball –4 wall
Hockey (Ice)
In-line Hockey
In-line Skating
Judo
Karate
Kayaking
Lacrosse
Luge

Modern Pentathlon
Netball
Orienteering
Powerlifting
Racquetball
Rhythmic Gymnastics
Ringette
Rowing
Rugby
Sailing/Yatching
Shooting
Ski Jumping
Skiing, Downhill/Alpine
Skiing, Cross Country/ Nordic
Skiing, Freestyle
Skiing, Nordic Combined
Snowboarding
Snowshoeing
Soccer
Softball
Speed Skating
Squash
Swimming
Swimming, synchronized
Table tennis
Tae Kwon Do
Team Handball
Tennis
Track and Field – Athletics
Triathlon
Volleyball
Water Skiing
Waterpolo
Weightlifting
Wheelchair Sports
Wrestling
Other

Sports to be Excluded (Code 00)

Aerobics / Dancersize / Jazzercize

Aquafit

Bicycling for recreation / transportation

Body building

Car racing

Fishing

Hiking

Jogging

Lawn bowling

Motorcycling

Skate boarding

Snowmobiling

Walking

Appendix II.   **General Social Survey, Sport Supplement, 1998**

Survey questions that are bolded were new additions to the previous GSS Sport Supplement, Cycle 7, 1992.

J1. Did you regularly participate in any sport during the past 12 months?

    Yes   No   Refused

Regularly means at least once a week during the season or for a certain period of the year.

Exclude: Aerobics, Dancercise, jazzercize, aquafit, bicycling for recreation or transportation, body building, car racing, fishing, hiking, jogging, lawn bowling, motorcycling, skate boarding, snowmobiling, walking.

J2s#. Which sports did you participate in? (up to 5 sports selected from list)

J2a#. How often? (in season)
   2-3/month   1-2/week   3+/ week

J3. Did you participate in any competitions or tournaments in the past 12 months?
    Yes   No   Refused

Include competitions between schools or between teams within a school or at work.

J4s#. For which sport(s)? (up to 5 sports selected from list)

J4a#. Was it at the local, regional, provincial or national level?
    local   regional   provincial   national   other

Competitions between school or between teams within a school or at work should be coded as other.

J5a. To what degree is sport important in providing you with the following benefits?
    Physical health and fitness

        very important   somewhat important   not important

J5b. Family activity
        very important   somewhat important   not important

J5c. New friends and acquaintances
        very important   somewhat important   not important

J5d. Relaxation

   very important   somewhat important   not important

J5e. Sense of achievement

   very important   somewhat important   not important

J6. Are there any particular reason why you did not regularly participate in any sports? (Mark all that apply)

   No particular reason
   Not interested
   Programs not available in the community
   Do not have the time
   Do not want to be committed to regular schedule
   Facilities not available
   Too expensive
   Health/ injury
   Age
   Disability
   other
   Refused

J7. Did other members of your household regularly participate in any sports during the past 12 months?

   Yes   No   Refused

J8. Who? *(up to 4 members)*

J8@# For which sports ? *(up to 4 sports per member)*

J8@# How often? *(for each sport)*
   2-3/month   1-2/week   3+/week

J9. Do you or other members of your household belong to a sport club, local community league or other local/ regional amateur sport organization?

   Yes   No   Refused

J10. Who ? *(up to 4 members)*

J11. During the past 12 months, have you or other members of your household been involved in amateur sport as a....

Coach?

   Yes   No   Refused

J11a. Who? (up to 4 members)

J12. Referee / Official / Umpire?
    Yes   No   Refused

J12a. Who? (up to 4 members)

J13. Administrator or helper?
    Yes   No   Refused

J13a. Who? (up to 4 members)

J14. Spectator at amateur sport competitions ?
    Yes   No   Refused

J14a. Who? (up to 4 members)

J15. Do you belong to a sport club, local community league or other local/ regional amateur sport organization?
    Yes   No   Refused

J16a. During the past 12 months, have you been involved in amateur sport as a .... Coach?
    Yes   No   Refused

J16b. Referee / official / umpire?
    Yes   No   Refused

J16c. Administrator or helper?
    Yes   No   Refused

J16d. Spectator at amateur sport competitions?
    Yes   No   Refused

Survey questions appearing in 1992 but dropped in the 1998 :

G2A Was this organized through a club, a community recreation program, a league or a provincial sport organization?

G11. When you were/are at school, did/do you ever participate in organized sport, other than in physical education classes?

G12. Were you ever involved in competitions between schools?

F13. During the past 12 months, did you attend any professional sporting events?